MAP SOUVENIR

Torino

LOZZI MAPS

MOLE ANTONELLIANA

> Via Montebello 20 > **Map C-9**

Mole Antonelliana
Iniziata su progetto dell'architetto **Antonelli** nel 1863 è diventata il simbolo di Torino. Fu costruita tutta in muratura, compresa la cupola di forma quadrangolare, mentre la guglia, travolta da un **uragano** nel 1953, è stata ricostruita con una struttura metallica rivestita di pietra. Un ascensore permette di raggiungere la terrazza panoramica sulla guglia dalla quale si ha una suggestiva vista di Torino. Dal 2000 la Mole ospita il **Museo Nazionale del Cinema**, che conserva cimeli provenienti dai set dei primi film italiani.

Mole Antonelliana
Began as a project by the architect **Antonelli** in 1863 it has become the symbol of Turin. Constructed entirely from masonry including the dome in the form of a quadrangle, whilst the spire, hit by a **hurricane** in 1953, was rebuilt with a metal structure covered in stone. A lift lets you go up to the terrace which has a panoramic view of Turin. Since 2000 'La Mole Antonelliana' became the home of the modern **National Cinema Museum**, where you can find curious relics From the sets of the first Italian films.

Mole Antonelliana
La Mole fue construida en 1863 por el arquitecto **Antonelli** y se ha convertido en el símbolo de Turín. La Mole es un edificio hecho enteramente de obra, incluida la cúpula, mientras que la aguja, derribada por un **huracán** en 1953, fue reconstruida con una estructura de metal revestida en piedra.

Subiendo con un ascensor se llega al mirador situado en la aguja donde se puede disfrutar de unas vistas muy sugestivas de Turín. Desde el año 2000 la Mole Antonelliana acoge el **Museo Nacional del Cine**, donde se encuentran objetos procedentes de los escenarios de las primeras películas italianas.

La Mole Antonelliana

Edifiée d'après un projet de l'architecte **Antonelli** en 1863, la Môle Antonelliana est devenue le symbole de Turin. La Môle est un bâtiment entièrement en maçonnerie, y compris la coupole de forme quadrangulaire, tandis que la flèche, emportée par un **ouragan** en 1953, a été reconstruite avec une structure métallique revêtue de pierre. Un ascenseur permet d'arriver, à 85 mètres de hauteur, à la base de la flèche où se trouve une terrasse panoramique d'où l'on jouit d'une vue magnifique sur la ville.
En 2000, la Mole Antonelliana est devenue le siège du **Musée National du Cinéma**, un musée moderne où sont conservés des souvenirs provenant des sets des premiers films italiens.

Mole Antonelliana

Die Errichtung der Mole (Riesenbauwerk) begann 1863 nach Plänen des Architekten **Antonelli** und wurde später zum Wahrzeichen Turins. Die Mole besteht vollständig aus Ziegelmauerwerk, auch die viereckige Kuppel. Die Spitze dagegen, die 1953 von einem Orkan zerstört wurde, hat man mit einer mit Steinen verkleideten Metallstruktur ersetzt. Mit einem Aufzug kann man bis zur Aussichts-Terrasse der Spitze fahren, von wo aus man einen wundervollen Blick über Turin hat.
Im Jahr 2000 wurde die Mole Antonelliana zum Sitz des modernen **Nationalen Filmmuseums**, in dem Erinnerungsstücke von den Drehorten der ersten italienischen Filme aufbewahrt werden.

Моле Антонеллиана

Начатая по проекту архитектора Антонелли в 1863 году, и первоначально построенная, как еврейский храм города, Моле (громада) была приобретена Коммуной, которая завершила работы в 1897 г. Впоследствии она стала символом Турина. Вся Моле, построенная из каменной кладки, включая четырехугольный купол, достигает высоты 167,5 метров, а шпиль, снесенный ураганом в 1953 г., был реставрирован как металлическая структура, облицованная камнем. Лифт позволяет подняться до него на высоту 85 метров, до основы шпиля, откуда с панорамной террасы открывается очаровательный вид на Турин.
В 2000 году в Моле Антонеллиана открылся Национальный Музей Кинематографа, в котором хранятся драгоценные вещи, собранные со съёмочных площадок первых итальянских фильмов.

PALAZZO MADAMA

> Piazza Castello > **Map C-8**

Palazzo Madama
Uno dei più antichi edifici della città, incorpora i resti di un'antica porta romana. Nel '400 la fortezza venne ampliata dai **Savoia** con torri angolari e bifore, e nel '600 costituì la dimora della **Madama Reale**. La facciata barocca fu aggiunta nel 1721 da **Juvarra**, che curò anche il maestoso atrio e lo scalone a due rampe.
All'interno il **Museo Civico di Arte Antica**, dove sono conservati oggetti d'arte piemontese: tra gli altri spiccano i libri miniati come il *Très Riches Heures* del duca di Berry e il *Ritratto virile* di Antonello da Messina.

Palazzo Madama
One of the oldest buildings in the city: it incorporates the remains of an old Roman entrance way. In 1400 the fortress part was extended by the **Savoia** with angular towers and mullioned windows. In 1600 it was the residence of **Madama Reale**. The baroque façade was added in 1721 by **Juvarra** who also decorated the majestic atrium and the flights of stairs.

Inside the building you can find the **Museo Civico di Arte Antica:** you can admire the illuminated books *Très Riches Heures* by duca di Berry and the *Ritratto virile* by Antonello da Messina.

Palacio Madama
Es uno de los edificios más antiguos de la ciudad: es un palacio que incorpora los restos de una antigua puerta romana. En el siglo XV la fortaleza fue ampliada por los **Saboya** con torres angulares y ventanas geminadas y en el siglo XVII fue la residencia de la **Madama Real**. La fachada barroca fue añadida en 1721 por **Juvarra**, que se encargó también del majestuoso atrio y de la escalera de dos rampas.
En el Palacio se encuentra el **Museo Cívico de Arte Antiguo,** donde están guardadas obras de arte piamontés como los libros en miniatura, el *Très Riches Heures* del duque de Berry y el *Retrato Viril* de Antonello da Messina.

Le Palais Madama

C'est l'un des plus anciens édifices de la ville : le palais comprend les vestiges d'une antique porte romaine. Au XVe siècle, la forteresse fut agrandie par la famille de **Savoie** qui fit ajouter des tours angulaires et des fenêtres géminées. Au XVIIe siècle, il constitua la demeure de **Madame Royale** dont il prit ensuite le nom. La façade baroque fut ajoutée en 1721 par Federico **Juvarra** qui, par la suite, aménagea l'intérieur, comme le majestueux atrium et le grand escalier scénographique à deux rampes.
A l'intérieur du Palais se trouve le **Musée municipal d'Art Antique,** où sont conservés des objets d'art principalement piémontais du Moyen Age au siècle dernier : ressortent surtout les livres enluminés comme les *Très Riches Heures* du Duc de Berry et le *Portrait d'homme* d'Antonello da Messina.

Palazzo Madama

Der Palast ist eines der ältesten Bauwerke der Stadt, in dessen Mauerwerk die Überreste eines alten römischen Stadttors integriert sind. Im 15. Jahrhundert wurde die Festung vom Hause **Savoyen** durch Ecktürme mit zweibogige Fenster vergrößert. Im 17. Jahrhundert wurde sie zur Residenz von Maria Christina von Frankreich, genannt **Madama Reale**. Die Barockfassade wurde 1721 von **Juvarra** hinzugefügt, der auch mit dem imposanten Atrium und dem zweiläufigen Treppenaufgang betraut war. Im Palastinnern befindet sich das **Museo Civico di Arte Antica**, in dem Kunstgegenstände aus dem Piemont ausgestellt sind. Darunter ragen Miniaturbücher wie die *Très Belles Heures* des Herzogs von Berry wie auch das Porträt *Ritratto virile* von Antonello da Messina hervor.

Дворец Мадамы

Одно из самых древних зданий города: дворец включает остатки древней римской двери , восходящей к Средневековью. В 1400 годах к нему были пристроены угловые башни с окнами, разделенными колонной. В XVII веке он стал местом жительства Мадамы Реале (Королевы), от которой и произошло позднее его название. Фасад в стиле барокко был добавлен в 1721 г. Филиппо Юварой, который впоследствии занимался устройством интерьера, как например, величественным атриумом и роскошной лестницей с двумя маршами.
Во Дворце находится Городской Музей Древнего Искусства, в котором хранятся предметы искусства, преимущественно, из области Пьемонте со времен Средневековья до конца прошлого века: среди прочих выделяются такие книги, украшенные миниатюрами, как TrПs Riches Heures герцога из Берри и Мужской портрет Антонелло да Мессина. Салон на втором этаже используется коммуной Турина как зал представительства.

PIAZZA SAN CARLO

> Map C-8

Piazza San Carlo
Fu progettata dall'architetto **Carlo di Castellamonte** nel 1637 ed al centro ospita il monumento equestre a **Carlo Filiberto**, opera dello scultore Marocchetti nel 1838. L'aspetto attuale della piazza risale al **XVII** secolo, mentre sul fondo si trovano le due chiese di **S. Cristina** e **S. Carlo**.

Piazza San Carlo è stato il centro della vita politica torinese: nei suoi famosi caffè, infatti, si riunivano personaggi della famiglia reale, nobili e scrittori. La piazza fu anche sede di spettacoli, come la memorabile battaglia navale.

Piazza San Carlo
Designed by the architect **Carlo di Castellamonte** in 1637 and in the centre of it you can find the equestrian statue of **Carlo Filiberto**, a work by the sculptor Marocchetti in 1838. The actual appearance of the square dates back to the XVII century, whilst at the end there are two churches **S.Cristina** and **S.Carlo**.
Saint Carlo's square was the centre of Turin's political life: in its cafés members of the royal family, noblemen and writers met up. The square was also scenes of spectacular shows, for example a famous naval battle was re-enacted here.

Piazza San Carlo
Fue diseñada por el arquitecto **Carlo di Castellamonte** en 1637 y en el centro se encuentra el monumento ecuestre a **Carlo Filiberto**, obra realizada en 1838 por el escultor Marocchetti. El aspecto actual de la plaza es del siglo **XVII**. Al fondo se pueden admirar las dos iglesias de **Santa Cristina** y **San Carlos**.
Piazza San Carlo ha sido el centro de la vida política de Turín, cullos en sus famosos cafés se daban cita nobles, escritores y personajes de la familia real. La plaza fue también escenario de espectáculos maravillosos, como por ejemplo la memorable batalla naval.

La place Saint-Charles

Elle fut projetée par l'architecte **Carlo di Castellamonte** en 1637. Au centre se trouve le monument équestre de **Charles-Philibert**, œuvre du sculpteur Carlo Marocchetti, de 1838.

L'aspect actuel de la place remonte au XVII^è siècle, tandis que, dans le fond, les deux églises, **Sainte-Christine** et **Saint-Charles**, ferment l'espace de façon scénographique. La place Saint-Charles a été le centre de la vie politique turinoise : dans ses célèbres cafés se réunissaient, en effet, les personnages de la famille royale, les nobles et les écrivains. La place accueillit aussi des spectacles grandioses, comme une mémorable bataille navale.

Piazza San Carlo

Dieser Platz wurde 1637 vom Architekten **Carlo di Castellamonte** entworfen. In seiner Mitte befindet sich das Reiterstandbild von **Carlo Filiberto**, ein Werk des Bildhauers Marocchetti aus dem Jahre 1838. Das heutige Erscheinungsbild des Platzes geht aufs 17. Jahrhundert zurück. Die beiden Kirchen **Santa Cristina** und **San Carlo** schließen den Platz kulissenartig ab.
Die Piazza San Carlo war das Zentrum des politischen Lebens der Stadt. In den berühmten Cafés versammelten sich Persönlichkeiten der königlichen Familie, Adlige und Schriftsteller. Auf dem Platz fanden außerdem grandiose Inszenierungen statt, wie zum Beispiel die einer denkwürdigen Seeschlacht.

Площадь Святого Карла

Одна из наиболее элегантных итальянских площадей была спроектирована Карло ди Кастелламонте в 1637 году, а в ее центре стоит конная статуя Карла Филиберта, работы скульптора Карло Мароккетти 1838 года. Современный вид площади в форме прямоугольника, окруженного аристократическими дворцами с портиками, восходит к XVII веку. В глубине площадь роскошно замыкается двумя церквами Святой Кристины и Святого Карла.
Площадь Святого Карла была центром туринской политической жизни: в ее знаменитых кафе собирались представители королевской семьи, аристократы и писатели. Площадь была также местом грандиозных спектаклей, как например, памятная морская битва. Все еще и сегодня, вместе со своими портиками и такими историческими кафе, как Кафе Турин (CaffП Torino) и Кафе Святого Карла (CaffП San Carlo, она является местом встречи туринцев.

PALAZZO REALE

> Piazza Reale, 1 > **Map B,C-8**

Palazzo Reale
Costruito tra il 1846 e il 1860 il palazzo, barocco, fu la reggia dei **Savoia** fino al 1865. All'interno vi sono diverse sale che offrono un fastoso esempio di arredamento e decorazione dei secoli XVII e XIX. Nel 1720 Juvarra progettò la **Scala delle Forbici** e il **Gabinetto Cinese**, rivestito di lacche originali cinesi inquadrate da cornici dorate.
Alle spalle del Palazzo, che ospita all'interno **l'Armeria Reale**, una bella collezione di armi ed armature dei secoli XVI e XIX, vi sono i giardini reali, realizzati alla fine del '600.

Palazzo Reale
Built between 1846 and 1860 it was the royal palace of the **Savoia** family until 1865. Inside the palace there are several halls that offer sumptuous examples of furniture and decoration from the XVII and XIX centuries. In 1720 Juvarra designed the '**Scala delle Forbici**' and the '**Gabinetto Cinese**' finished in original Chinese lacquer framed by a golden cornice.
Next to the royal palace, which also houses **L'Armeria Reale** (the royal armoury), a great collection of arms and weapons mainly from the XVI and XIX centuries, there are the royal gardens, built at the end of 1600.

Palacio Real
Construido entre 1846 y 1860, fue el palacio real de los **Saboya** hasta 1865. En el edificio distintas salas ofrecen un fastuoso ejemplo de mobiliario y decoración de los siglos XVII y XIX. En 1720 Juvarra

diseñó la **Escalera de las Tijeras** y el **Gabinete Chino**, revestido de lacas originales chinas recortadas por marcos dorados.
Detrás del Palacio Real, que alberga la **Armería Real**, una hermosa colección de armas y armaduras, de los siglos XVI y XIX, se encuentran los jardines reales, construidos a finales del siglo XVII.

Le Palais Royal

Construit entre 1846 et 1860, ce palais, avec sa façade austère conforme à l'architecture baroque et sa cour intérieure style soldatesque, fut le Palais résidentiel de la famille de **Savoie** jusqu'en 1865.
L'intérieur du palais est composé de diverses salles offrant un fastueux exemple d'ameublement et de décoration des XVIIe et XIXe siècles. En 1720, l'architecte sicilien Juvarra projeta l'**Escalier des Ciseaux** (Scala delle Forbici), et le **Cabinet Chinois**, revêtu de laques originales chinoises encadrées de corniches dorées.
Derrière le Palais Royal, qui abrite aussi **l'Armurerie Royale**, une belle collection d'armes et d'armures datant principalement du XVIe au XIXe siècle, se trouvent les jardins royaux, réalisés à la fin du XVIIe siècle.

Palazzo Reale

Dieser barocke Palast wurde zwischen 1846 und 1860 erbaut und war bis 1865 der Sitz des Königshauses der **Savoyen**. Im Inneren des Schlosses befinden sich verschiedene Säle, allesamt prachtvolle Beispiele des Einrichtungs- und Dekorationsstils des 17.-19. Jahrhunderts. 1720 entwarf Juvarra die Treppe **Scala delle Forbici** wie auch das **Chinesische Kabinett**, das mit original chinesischen, in Goldrahmen eingefassten Lackarbeiten ausgeschmückt ist.
Der Palazzo Reale beherbergt die **Armeria Reale**, das königliche Arsenal, eine schöne Waffen- und Rüstungssammlung aus dem 16.-19. Jahrhundert. Hinter dem Schloss befinden sich die königlichen Gärten, die Ende des 17. Jahrhunderts angelegt wurden.

Королевский дворец

Построенный между 1846 и 1860 годами дворец, со своим суровым фасадом, соответствующим барочной архитектуре, и со своим армейским двориком, был королевской резиденцией семьи Савойя до 1865 году.
Во дворце разные залы предлагают роскошный пример убранства и украшений XVII и XIX веков. В 1720 г. сицилийский архитектор Филиппо Ювара спроектировал Лестницу Ножниц (Scala delle Forbici), соединяющую второй этаж с третьим, а также Китайский кабинет (Gabinetto Cinese), покрытый настоящими китайскими лаками, обрамленными позолоченными рамками.
Позади Королевского дворца, в котором находится Королевский Арсенал - замечательная коллекция оружий и доспехов, преимущественно, XVI и XIX веков, одна из богатейших коллекций в Европе, - расположены королевские сады, созданные в конце 1600 годов.

> Via XX Settembre 87 > **Map C,D-8**

Duomo di Torino e Sacra Sindone

Fu costruito tra il 1492 e il 1498 su progetto di Meo del Caprina. Il duomo si presenta con una facciata rinascimentale in marmo bianco che al tempo costituiva un'anomalia, visto il dominio del mattone rosso, mentre sul lato si innalza il campanile di **Sant'Andrea**, romanico, sopraelevato nel 1720 da **Juvarra**.

Nel XVII secolo fu aggiunta la cappella della **Sacra Sindone** che, su progetto del **Guarini** (1694), fu rivestita di marmi neri e conclusa con una cupola a forma di cono. All'interno è conservato il lenzuolo che avvolse il corpo di **Gesù** dopo la crocifissione.

Turin Cathedral and the Holy Shroud

It was built between 1492 and 1498 based on the design by Meo del Caprina. The cathedral has a renaissance façade in white marble which at the time was thought of as odd, as in that period red bricks were dominant, on the side there is the bell tower (campanile di **S.Andrea**) in Romanesque style raised in 1720 by

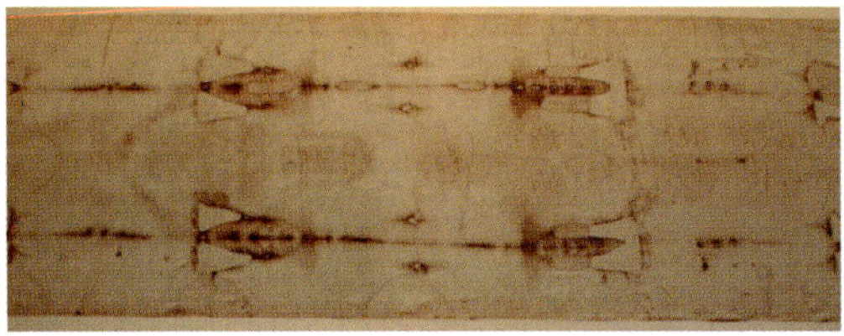

Juvarra. In the XVII century the chapel of the **Holy Shroud was added,** built on a design by **Guarini** in 1694, and finished in black marble with a dome in the form of a cone. Inside there is The Holy Shroud, that is the sheet that covered the body of **Christ** after the crucifixion.

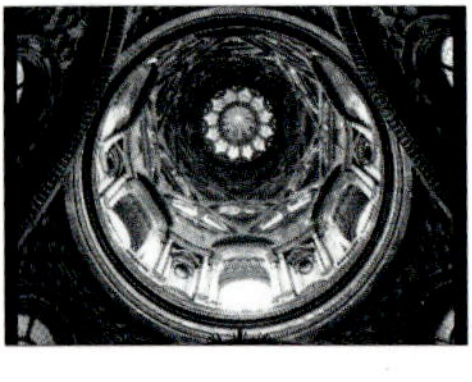

Duomo de Turín y la Sábana Santa

Fue construido entre 1492 y 1498 a partir de un proyecto de Meo del Caprina. La fachada del duomo es de época renacentista y es de mármol blanco, un hecho insólito en aquella época, pues por aquel entonces prevalecía el uso del ladrillo rojo. A su lado se yergue el campanario de **San Andrés** de estilo románico, construido en 1720 por **Juvarra**. A partir de un proyecto de **Guarini** (1694), en el siglo XVII fue anexionada la capilla de la **Sábana Santa**, revestida de mármoles negros y rematada con una cúpula en forma de cono. En el interior se encuentra la Sábana Santa, el sudario que envolvió el cuerpo de **Jesús** después de la crucifixión.

Le Dôme ou Cathédrale de Turin et le Saint Suaire

Le Dôme fut construit de 1492 à 1498 d'après un projet de l'architecte toscan Meo del Caprina. Il possède une façade Renaissance en marbre blanc qui, à cette époque, constituait une anomalie, étant donné que cette période était dominée par la brique rouge ; sur le côté s'élève le campanile de **Saint-André**, en style roman, surélevé en 1720 par **Juvarra.**
Au XVIIe siècle, l'édifice fut restauré et l'on y ajouta la chapelle du **Saint-Suaire** qui fut réalisée d'après un projet de **Guarini** en 1694 et revêtue de marbres noirs ; elle est surmontée d'une coupole en forme de cône. A l'intérieur est conservé, au-dessus d'un somptueux autel, le Saint Suaire, c'est-à-dire le linceul qui enveloppa le corps de **Jésus** après la crucifixion.

Turiner Dom und Grabtuch Christi

Der Dom wurde zwischen 1492 und 1498 nach einem Entwurf von Meo del Caprina errichtet.
Er besitzt eine Renaissance-Fassade aus weißem Marmor, was zu einer Zeit, in der roter Ziegelstein überwog, sehr ungewöhnlich war. An seiner Seite erhebt sich der Glockenturm (campanile di **Sant'Andrea**) in romanischem Stil, 1720 von **Juvarra** errichtet.
Im 17. Jahrhundert wurde die Kapelle des Leichentuchs Christi angebaut, die, nach Plänen von Architekt **Guarini** (1694), mit schwarzem Marmor verkleidet und mit einer kegelförmigen Kuppel abgeschlossen wurde. In ihrem Inneren wird das heilige Grabtuch aufbewahrt, das den **Körper Jesu** nach der Kreuzigung eingehüllt haben soll.

Туринский собор и Святая Плащаница

Собор, известный также как Кафедральный собор Святого Иоанна Крестителя (Cattedrale di San Giovanni Battista), был построен между 1492 и 1498 гг. по проекту тосканского архитектора Мео дель Каприна. Собор с его ренессансным фасадом из белого мрамора в свое время представлял некоторую аномалию из-за того, что в тот период господствовал красный кирпич. Сбоку от фасада возвышается колокольня Святого Андрея (campanile di Sant'Andrea) в романском стиле, которую возвел Филиппо Ювара в 1720 году.
В XVII веке здание было реставрировано с добавлением капеллы Святой Плащаницы, выполненной по проекту Гварини с 1668 по 1694 год, которая была покрыта черным мрамором и завершающим ее конусообразным куполом. В ней хранится, на роскошном престоле, Святая Плащаница, т. е. пелены, в которые было завернуто тело Иисуса {Христа} после распятия, приобретенная семьей Савойя в 1453 г.

Museo Egizio

Contiene la raccolta più importante di antichità egizie con i suoi 30000 reperti. Fondato nel 1824 dal re Carlo Felice di Sardegna, presenta una grande varietà di opere egizie come le statue dei faraoni Thutmosi III, **Ramses II** e Amenhotep II, sarcofagi, mummie, stele funerarie, armi, strumenti, papiri, tra i quali il **Libro dei Morti**.

Di particolare interesse il tempietto rupestre che fu fatto scavare da Thutmosi III nel 1430 a.C. a Ellesjia, donato nel 1996 dall'Egitto all'Italia, e la tomba con il corredo dei coniugi Kha e Merit del 1430-1375 a.C.

The Egyptian Museum

The Egyptian museum contains the most important collection, over 30000, of ancient Egyptian objects. Founded by King Carlo Felice of Sardinia in 1824, inside there are a great variety of Egyptian works like statues of the pharaohs Thutmosi III, **Ramses II** and Amenhotep II, sarcophagi, mummies, funeral stele, weapons, musical instruments, papyri including **the book of the dead**.
Of particular interest is the little stone temple that was carved for Thutmosi III in 1430 B.C. excavated at Ellesjia, and donated to Italy in 1996 by Egypt, and the wedding chest from the tombs of man and wife Kha and Merit dating from 1430-1375 B.C.

Museo Egipcio

El museo egipcio de Turín contiene la colección más importante de antigüedades egipcias por la cantidad de piezas que reúne (más de 30.000). Fundado en 1824 por el rey Carlos Félix de Cerdeña, en su variado acervo se destecan egipcias como las estatuas de los faraones Tutmosis III, **Ramsés II** y Amenhotep II, sarcófagos, momias, estelas funerarias, armas, herramientas, papiros, entre ellos el **Libro de los Muertos**.
Una pieza muy interesante

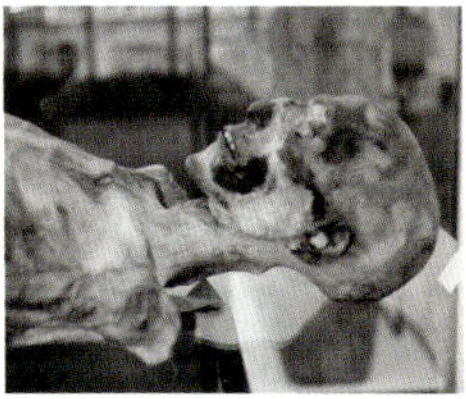

es el templete rupestre que Tutmosis III mandó excavar en 1430 a.C. en Ellesjia, y que Egipto donó a Italia en 1996, y la tumba con el ajuar de los cónyuges Kha y Merit, 1430-1375 a.C.

Le Musée Egyptien

Le Musée égyptien de Turin abrite la plus importante collection d'antiquités égyptiennes par la quantité de pièces réunies (plus de 30000). Fondé en 1824 par le **Roi Charles-Félix** de Sardaigne, il possède une grande variété d'œuvres égyptiennes comme les statues des pharaons Thoutmosis III, **Ramsès II** et Amenhotep II, des sarcophages, des stèles funéraires, des armes, des instruments, des papyrus, notamment le **Livre des Morts**.

Le petit temple rupestre que fit creuser Thoutmosis III en 1430 av. J.-C. à Ellesija et donné en 1996 par l'Egypte à l'Italie est particulièrement digne d'intérêt, ainsi que la petite salle suggestive contenant l'ensemble du trousseau de la tombe des époux Kha et Merit remontant à 1430-1475 av. J.-C.

Ägyptisches Museum

Das ägyptische Museum von Turin wurde 1824 von **Carlo Felice**, dem König Sardiniens, gegründet. Es besitzt mit über 30.000 Fundstücken eine der bedeutendsten Sammlungen ägyptischer Altertümer. Hier befinden sich zum Beispiel die Statuen der Pharaonen Amenophis II, Thutmosis III und **Ramses II** und außerdem Sarkophage, Mumien, Grabstelen, Waffen, Instrumente und Papyrustexte, darunter das **Totenbuch**.

Ganz besonders bemerkenswert sind der 1430 v. Chr. von Thutmosis III in Ellesije ausgehöhlte Felstempel, den Ägypten 1996 Italien stiftete und die eindrucksvolle Grabkammer des Ehepaares Kha und Merit, die auf die Jahre 1430-1375 v. Chr. zurückgehen.

Египетский Музей

Египетский музей в Турине, занимая второе место после музея в Египте, содержит наиболее важное собрание египетских древностей по количеству собранных вещей (более 30000). Основанный в 1824 г. королем Сардинии Карлом Феличе, он содержит большое разнообразие таких египетских произведений, как статуи фараонов Тутмоса III, Рамсеса II и Аменхотепа II, саркофаги, мумии, похоронные стелы, оружия, инструменты, папирусы, среди которых Книга Мертвых, и картины, свидетельствующие о разных аспектах египетской культуры.

Особый интерес представляет небольшой храм, высеченный из скалы по заказу Тутмоса III в 1430 году до н.э. в Эллесие, подаренный Италии в 1996 году Египтом, и привлекательная комнатка с приданым из могилы супругов Ха и Мерит, восходящей к 1430-1375 годам до н.э., найденная почти нетронутой.

GALLERIA SABAUDA

> Via Accademia delle Scienze 6 > **Map D-8**

Galleria Sabauda

Fondata nel 1832 da **Carlo Alberto** custodisce oltre 700 opere di pittori piemontesi del XV e XVI secolo e notevoli dipinti di scuola fiamminga e olandese, come la *Eleonora di Toledo* del **Bronzino**, la *Trinità* del **Tintoretto**, la *Cena a casa di Simone* del **Veronese** , il *Vecchio dormiente* di **Rembrandt**, la *Passione di Cristo* del **Memling**.

Notevole anche la collezione **Gualino**, donata nel 1928 dal mecenate torinese, che comprende la *Venere* del **Botticelli** e la *Venere e Marte* del **Veronese**, oltre a sculture cinesi e a mobili medievali.

The Sabauda Gallery

Founded in 1832 by **Carlo Alberto**, it holds over 700 works of art by painters from the Piedmont region from the XV and XVI centuries, and noteworthy paintings by the Flemish and Dutch schools, like the *Eleonora di Toledo* by **Bronzino**, *La Trinità* by **Tintoretto**, the *Cena a casa di Simone* by **Veronese**, while there are pieces from the Flemish and Dutch schools, including the *Old Man Sleeping* by **Rembrandt**, and *The Passion of Christ* by **Memling**. Also well worth seeing is the **Gualino** collection, donated by Turin patrons, that contains *Venus* by **Botticelli**, *Venus and Mars* by **Veronese** and Chinese sculptures and medieval furniture.

Galería Sabauda

Fundada en 1832 por **Carlos Alberto**, la Galería Sabauda guarda más de 700 obras de pintores piemonteses de los siglos XV y XVI y hermosos cuadros de la escuela flamenca y holandesa como la *Eleonora de Toledo* del **Bronzino**, la *Trinidad* de **Tintoretto** y la *Cena en casa de Simón* de **Veronés**, el *Viejo durmiente* de **Rembrandt** y la *Pasión de Jesucristo* de **Memling**.
Digna de mención es también la colección **Gualino**, donación realizada en 1928 por el mecenas turinés, que incluye la *Venus* de **Botticelli** y la *Venus y Marte* del **Veronés**, además de esculturas chinas y muebles medievales.

Galerie Sabauda
Fondée en 1832 par **Charles-Albert**, la Galerie Sabauda comprend plus de 700 œuvres de peintres piémontais des XVe et XVIe siècles, ainsi que d'importants tableaux des écoles flamande et hollandaise.
Parmi les différents chefs-d'œuvre, on peut admirer l'*Eléonore de Tolède* de **Bronzino**, la *Trinité* du **Tintoret**, le *Repas chez Simon* de **Véronèse**, en ce qui concerne la peinture toscane et vénitienne, tandis que pour la peinture flamande et hollandaise, les tableaux qui méritent une attention particulière sont le *Vieillard endormi* de **Rembrandt**, les *Scènes de la Passion du Christ* de **Memling.**
La collection **Gualino** est remarquable aussi; elle fut léguée en 1928 par le mécénat turinois et comprend la *Vénus* de **Botticelli** et la *Vénus et Mars* de **Véronèse,** ainsi que des sculptures chinoises et du mobilier médiéval.

Sabauda-Galerie
Die Galerie wurde 1832 von **König Karl Albert** gegründet. In ihr werden über 700 Werke piemonteser Maler des 15. und 16. Jahrhunderts sowie berühmte Gemälde der flämischen und holländischen Schule aufbewahrt. Unter ihnen die *Eleonora di Toledo* von **Bronzino**, die *Trinità* von **Tintoretto** und das *Gastmahl beim Pharisäer Simon* von **Veronese** sowie *Schlafender alter Mann* von **Rembrandt** und die *Passion Christi* von **Memling.**
Auch die **Gualino**-Sammlung ist

bemerkenswert. Sie ist eine Schenkung des Turiner Mäzens aus dem Jahre 1928 und umfasst Werke wie die *Venus* von **Botticelli** und *Venus und Mars* von **Veronese** außer chinesischen Skulpturen und mittelalterlichen Möbelstücken.

Савойская Галерея
Савойская галерея, основанная в 1832 году Карлом Альбертом и находящаяся, как и Египетский музей, внутри Дворца Академии Наук, хранит более 700 произведений пьемонтских художников XV и XVI веков, а также известные картины фламандской и голландской школ. Среди многих шедевров здесь можно любоваться Элеонорой Толедской – Элеонора Толедская Бронзино, Пресвятой Троицей Тинторетто, Ужином в доме Симона Веронезе - это среди тосканской и венецианской живописи, а среди фламандской и голландской живописи заслуживают особого внимания Спящий старик Рембрандта, Страсти Христовы Мемлинга и Святой Франциск со стигматами Яна Ван Эйка.
Замечательна также коллекция Гвалино, подаренная в 1928 году туринским меценатом, состоящая из художественных работ разного происхождения, среди которых Венера Боттичелли, Венера и Марс Веронезе, и кроме того китайские скульптуры и средневековая мебель.

BASILICA DI SUPERGA

> Strada della Basilica di Superga 73, Superga (To) > **Fuori Mappa/ Out of Map**

Basilica di Superga

Fu fatta costruire dal re **Vittorio Amedeo II** dopo aver sconfitto le truppe francesi guidate da Luigi XIV che assediavano Torino nel 1706, su progetto di **Juvarra**: la Basilica di Superga doveva essere il simbolo della dignità reale.

La Basilica, di stile classicheggiante, è a pianta circolare ed è sovrastata da una cupola alta 75 metri, con ai fianchi due campanili. Nei sotterranei interni le tombe dei re sabaudi fino a Carlo Alberto. Alle spalle della basilica la lapide in ricordo della tragedia aerea in cui perirono i giocatori della fortissima squadra di calcio del Torino (1949).

Basilica di Superga

Constructed on behalf of King **Vittorio Amedeo II**, after the defeat of the French troops led by Luis XIV that laid siege to Turin in 1706, designed by **Juvarra**: The Superga Basilica was to be a symbol of royal dignity.

The classic style basilica is on a circular plan and is topped by a dome of 75metres high, flanked by two bell towers. In the underground chamber there are the tombs of the Sabaudi kings up to Carlo Alberto. Next to the Basilica is the memorial stone dedicated to the players of the Turin football team that died in an **air crash** in 1949.

Basílica de Superga

Fue construida por el arquitecto Filippo **Juvarra** por orden del rey **Víctor Amadeo II,** después de haber derrotado a las tropas francesas que sitiaban Turín en 1706 al mando de Luis XIV. La Basílica de Superga tenía que ser el símbolo de la dignidad real.
La Basílica, que imita el estilo clásico, es de planta circular y culmina en una cúpula de 75 metros de altura, flanqueada por dos campanarios.
En los subterráneos internos se encuentran las tumbas de los reyes de la dinastía de los Saboya hasta Carlos Alberto. Detrás de la basílica una lápida recuerda el trágico accidente de avión, ocurrido en 1949, en el que fallecieron los jugadores del Torino.

La Basilique de Superga

Elle fut construite sur l'ordre du Roi **Victor-Amédée II** pour réaliser un vœu après avoir défait les troupes françaises conduites par Louis XIV qui assiégeaient Turin en 1706. Son projet est dû à l'architecte Filippo **Juvarra** : la Basilique de Superga devait être le symbole de la dignité royale.

La basilique, de style classique, possède un plan circulaire et est surmontée d'une coupole de 75 mètres de haut, avec deux campaniles sur les côtés. Dans ses souterrains sont conservées les tombes des rois de Savoie jusqu'à Charles-Albert. Derrière la basilique, une plaque rappelle la **tragédie aérienne** survenue en 1949, dans laquelle les joueurs et les membres techniques de la société de football de Turin perdirent la vie.

Basilica di Superga

König **Viktor Amadeus II** ließ die vom Architekten Filippo **Juvarra** entworfene Wallfahrtskirche als Erfüllung eines Gelübdes erbauen, nachdem er die von Ludwig XIV angeführten französischen Truppen besiegt hatte. Sie sollte das Symbol der Königswürde sein.

Die klassizistische Basilika besitzt eine kreisförmige Grundfläche und wird von einer 75 Meter hohen Kuppel überwölbt, an deren beiden Seiten je ein Glockenturm steht. In der Krypta befinden sich die Gräber der savoyischen Könige bis zu dem Karl Alberts. Hinter der Basilika steht ein Gedenkstein, der an das Flugzeugunglück von 1949 erinnert, in dem die Mannschaft des AC Turin ums Leben kam.

Собор Суперги

Собор был построен королем Виктором Амадеем II по проекту архитектора Филиппо Ювары, во исполнение данного обета уже после победы над французскими войсками, возглавляемыми Людовиком XIV, который осадил Турин в 1706 году. Собор Суперги должен был символизировать королевское достоинство, и был воздвигнут на одноименном холме, на востоке от Турина, чтобы занять господствующее положение над территорией. Собор, стиль которого подражает классическому, имеет круглую форму с возвышающимся над ним куполом высотой в 75 м., а по обеим его сторонам высятся две колокольни. Во внутреннем подземелье сохранились могилы савойских королей вплоть до Карла Альберта. Позади собора помещена мемориальная доска в воспоминание о воздушной трагедии 1949 года, в которой погибли игроки и технический персонал Туринского футбольного общества.

Via Garibaldi
Situata nel pieno centro della città si caratterizza per una spiccata funzione commerciale. La via è fiancheggiata da palazzi e case settecentesche.
All'epoca dei romani era chiamata *decumanus maximus* e costituiva l'asse principale del quadrilatero romano, ovvero il perimetro del *castrum romano.*
In una via laterale parte via Porta Palatina che conduce alla piazza dove vi è la chiesa del **Corpus Domini**, costruita su progetto di Vitozzi tra il 1603 e il 1675 nell'area dove secondo la tradizione avvenne il miracolo eucaristico di Torino (*Exilles*).

Via Garibaldi
Situated in the centre of the city is famous for it's commercial activities. The street is flanked by palaces and houses from the 1700's. In roman times it was called *decumanus maximus* and constituted the main axis of the Roman quadrilateral, that is the perimeter of the *castrum romano.*
Laterally there is another road called Via Porta Palatina, leading to the square where you can find the church of **Corpus Domini**, built from a design by Ascanio Vitozzi between 1603 and 1675 in the area where traditionally the Turin Eucharist miracle happens (*Exilles*).

Via Garibaldi
Situada en pleno centro de la ciudad Via Garibaldi se caracteriza por su marcada función comercial. Flanquean esta calle medieval edificios y casas del siglo XVIII. En la época de los romanos su nombre era *decumanus maximus* y constituía el eje principal del cuadrilátero romano, es decir el perímetro del *castrum romano.*
Desde una calle lateral sale otra denominada Via Porta Palatina, que conduce a la plaza donde se encuentra la iglesia del **Corpus Domini**, diseñada por Vitozzi entre 1603 y 1675, en el área donde según la tradición se produjo el milagro eucarístico de Turín (*Exilles*).

Via Garibaldi

Située en plein centre de la ville la via **Garibaldi** se caractérise par son importante fonction commerciale. Cette rue médiévale est flanquée d'édifices et de bâtiments du XVIIIème siècle. A l'époque romaine, elle constituait le *decumanus maximus* et représentait le principal axe du **quadrilatère romain**, c'est-à-dire le périmètre du *castrum romain.*
Dans une rue latérale part une autre rue, appelée via di Porta Palatina, qui mène à la place où se dresse l'église du **Corpus Domini**, construite d'après un projet d'Ascanio Vitozzi, entre 1603 et 1675, dans le quartier où, selon la tradition, survint le miracle eucharistique de Turin (**Exilles**).

Via Garibaldi

Die Straße befindet sich mitten im Stadtzentrum Turins und zeichnet sich durch reges Geschäftstreiben aus. Sie wird von Palästen und Häusern aus dem 18. Jahrhundert flankiert. Zu Römerzeiten wurde sie *Decumanus Maximus* genannt und stellte die Hauptachse des römischen Festungsvierecks dar, das heißt die Begrenzungslinie des *Castrum Romanum.* Eine der Seitenstraßen der Via Garibaldi ist die Via Porta Palatina, die zur Kirche **Corpus Domini** führt. Diese wurde zwischen 1603 und 1675 nach einem Entwurf von Vitozzi an der Stelle errichtet, an der sich laut Überlieferung das Wunder der Eucharistie von Turin (**Exilles**) zugetragen hat.

иУлица Гарибальди

Улица Гарибальди, находящаяся в самом центре города и переделанная в начале 1736 года, следуя стилю Ювары, {считается не только самой длинной пешеходной улицей, но и} выделяется своей коммерческой деятельностью. На ней находятся дворцы и дома XVIII века. В римскую эпоху она называлась большим декуманом (decumanus maximus) и представляла главную ось римского четырехугольника, т.е. периметр римского укрепления (castrum romano). Еще и сегодня можно распознать восточные ворота в башнях Дворца Мадамы, а западные ворота на улице Консулата (via della Consolata).
На одной из боковых улиц начинается {дорога, названная улицей} улица Палатинских ворот (via Porta Palatina), ведущая к площади, на которой находится Церковь Тела Господня (Corpus Domini), построенная по проекту Асканио Витоцци между 1603 и 1675 годами на месте, где, по преданию, совершилось Евхаристическое чудо Турина (в местечке Exilles).

PORTA PALATINA

> Via XX Settembre > **Map C-8**

Porta Palatina

La **Porta Palatina** è una costruzione romana che un tempo costituiva l'ingresso della **Augusta Taurinorum**, l'attuale Torino. Chiamata all'epoca dei romani **Porta Principalis**, fu costruita probabilmente durante l'età di Augusto (I sec), ed è costituita da due torri a 16 lati alte circa 30 metri.
Nell'800 la porta Palatina venne trasformata nella facciata di un elegante palazzo, ma un secolo più tardi fu riportata alla forma originale.
Nei pressi il **Teatro Romano**, risalente ai secoli I-III d. C., con i resti della cavea e dell'orchestra.

The Palatine Gate

The **Palatine gate** is a Roman construction that once marked the entrance to **Augusta Taurnorum**, that is modern day Turin. During the roman period it was called the **Porta Principalis** and was probably constructed during the period of Augustus (1st Century) and is constituted by two sixteen sided towers around 30 metres high. In the 1800 the Palatine gate was incorporated into the façade of an elegant palace, but a century later thanks to important restoration work it was restored to it's original form.
Near Porta Palatina there are the ruins of the **Roman Theatre**, dating back to the 1st -3rd century A.D., where you can still see part of the cavea and the orchestra.

Puerta Palatina

La **Puerta Palatina** es una construcción romana que antaño constituía la entrada a la **Augusta Taurinorum**, la actual Turín. Denominada en tiempos de los romanos **Porta Principalis**, fue construida seguramente durante la época de **Augusto** (siglo I); está formada por dos torres de 16 lados que miden 30 metros.
En el siglo XIX la Puerta Palatina se convirtió en fachada de un elegante edificio, pero un siglo después pudo recobrar su forma original.
Cerca de esta área se encuentra el **Teatro Romano**, perteneciente a los siglos I-III d.C., con los restos de la cávea y de la orquesta.

La Porte Palatine

La **Porte Palatine** est une construction romaine qui constituait jadis l'entrée de l'**Augusta Taurinorum**, l'actuelle Turin. Appelée **Porta Principalis** à l'époque des Romains, elle fut probablement construite durant **l'Age d'Auguste** (Ier siècle) ; elle est constituée de deux tours à 16 côtés mesurant environ 30 mètres de haut. Au XIXe siècle, la porte Palatine fut transformée en façade d'un élégant immeuble mais, un siècle plus tard, grâce à d'importantes interventions de restauration et de démolition, elle retrouva sa forme originale.
Les vestiges du **Théâtre Romain**, remontant aux Ier-IIIe siècle ap. J.-C., servent de contour à la porte Palatine. Au-delà de la grille du Palais Royal on peut encore admirer une partie de la cavea et de l'orchestre.

Porta Palatina

Die **Porta Palatina** ist ein römisches Bauwerk, das einstmals das Zugangstor zur **Augusta Taurinorum**, dem heutigen Turin, war. Von den Römern wurde sie **Porta Principalis** genannt und wahrscheinlich während der Regierungszeit Augustus (1. Jh.) erbaut. Sie besteht aus zwei Türmen mit 16 abgewinkelten Seitenflächen, die circa 30 Meter hoch sind. Im 19. Jahrhundert wurde die Fassade der Porta Palatina in die eines eleganten Palastes umgewandelt, doch ein Jahrhundert später erhielt sie ihr ursprüngliches Aussehen zurück.
In der Nähe befinden sich die Überreste des **Teatro Romano** aus dem 1.-3. Jahrhundert n. Chr. mit Resten der Zuschauertribünen und des Orchesterraums.

Дворцовые ворота

Дворцовые ворота – это римская конструкция, которая в свое время была входом в Аугусту Тауринорум (Augusta Taurinorum), современный Турин. Их название происходило от Дворцовых ворот (Porta Palatii) - термина, указывающего на смежность с Императорским Дворцом (Palatium Imperiale). Названные в римскую эпоху Главными Воротами (Porta Principalis), они были сооружены, вероятно, во времена Августа (I век) и состояли их двух башен в 16 сторон каждая, высота которых составляла приблизительно 30 метров. В XIX веке Дворцовые ворота были превращены в фасад элегантного дворца, но благодаря некоторым {важным} реставрационным вмешательствам, спустя век, им вернули первоначальный вид. Окружают Дворцовые Ворота также остатки Римского театра (Teatro Romano), восходящего к I-III векам н.э., где, помимо решетчатой ограды Королевского дворца, можно все еще видеть часть амфитеатра и оркестра.

MUSEO CIVICO PIETRO MICCA

> Via Guicciardini 7/a > **Map E-7**

Museo Civico Pietro Micca

Sorge nel luogo in cui, durante l'invasione francese del 1705-1706, l'esercito subalpino costruì delle gallerie per difendersi dalle truppe guidate da **Luigi XIV** che si stavano avvicinando alla Cittadella. **Pietro Micca**, militare del Regno Sabaudo, sacrificò la sua vita dando fuoco alla miccia di una carica esplosiva che impedì ai francesi di penetrare nelle gallerie sotterranee.
Nel Museo si possono ammirare dei cortometraggi, armi settecentesche, cartine e dipinti delle zone coinvolte nella battaglia, fino alle suggestive gallerie.

Museo Civico Pietro Micca

It is placed on the spot where, during the French invasion of 1705-1706 the sub-alpine army built tunnels to lay explosives in order to keep away the troops led by **Luis XIV** that were approaching the 'Cittadella'.
Pietro Micca who was a soldier for the kingdom of Sabaudo, sacrificed his life to light the fuse of an explosive charge thus keeping the French out of the tunnels.
In the museum you can see short films, 17th century weapons, maps and pictures of the war zone, and the striking tunnels.

Museo Cívico Pietro Micca

Se encuentra en el lugar donde el ejército subalpino, para defenderse de la invasión francesa de 1705-1706, construyó unas galerías para defenderse de las tropas de **Luis XIV** que se estaban acercando a la Ciudadela. **Pietro Micca**, un militar del reino sabaudo, sacrificó su vida encendiendo la mecha de una carga explosiva e impidiendo que los franceses entraran a las galerías subterráneas.
En el Museo se puden ver unos cortometrajes, armas del siglo XVIII, mapas y cuadros de las zonas donde lucharon, e incluso se pueden ver las sugestivas galerías.

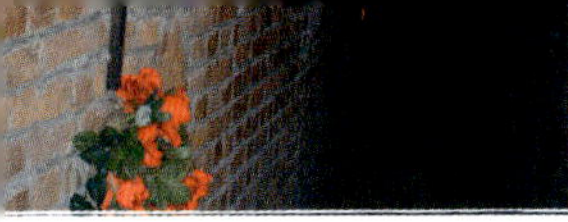

Musée Municipal Pietro Micca

Il est situé à l'endroit où, durant l'invasion française de 1705-1706, l'armée subalpine construisit pour se défendre des galeries où étaient placées des charges explosives pour éloigner les troupes conduites par **Louis XIV** qui s'approchaient de la Citadelle. **Pietro Micca** sacrifia sa vie en allumant la mèche d'une charge explosive qui empêcha les Français de pénétrer dans les galeries souterraines.
Dans ce musée, on peut admirer des armes du XVIIIe siècle, des cartes et des peintures des zones touchées par la bataille, jusqu'aux suggestives galeries avec l'échelle utilisée par le soldat pour accéder à la zone des charges explosives.

Museo Civico Pietro Micca

Dieses Museum ist an der Stelle entstanden, an der die italienischen Truppen während der französischen Belagerung 1705-1706 zu ihrer Verteidigung Tunnel gebaut haben, um die von **Ludwig XIV** geleitete Armee fernzuhalten, welche sich

der Zitadelle näherte. **Pietro Micca**, zur damals Soldat im Dienste des Savoyischen Königreichs, opferte sein Leben, indem er die Lunte einer Sprengladung anzündete und so die Franzosen daran hinderte, in die unterirdischen Tunnel vorzudringen.
Im Museum können Kurzfilme, Waffen aus dem 18. Jahrhundert, Landkarten und Bilder der von der Schlacht betroffenen Territorien besichtigt werden, bis zu den beeindruckenden unterirdischen Gängen.

Городской Музей имени Пьетро Микки

Музей был открыт в 1961 году по случаю празднования столетия Объединения Италии (UnitИ d'Italia) на том месте, где во время вторжения французов 1705-1706 гг. субальпийская армия построила ради собственной защиты галереи, в которые были помещены заряды.
Взрывами этих зарядов они отдалили труппы, возглавлявшиеся от трупп, возглавлявшихся Людовиком XIV, которые приближались уже к Цитадели (своего рода крепость пятиугольной формы, построенная в 1564 г. Эммануилом Филибертом).
Пьетро Микка, в то время бывший военным военного Савойского королевства, прославился тем, что пожертвовал своей своей жизнью, зажигая фитиль заряда, тем самым помешав французам войти в подземные галереи.
В Музее можно увидеть {примеры того, как употреблялись галереи во время осады,} короткометражные фильмы о жертве Микки, оружия XVIII века, схемы и рисунки зон, вовлеченных в битву, вплоть до интересных галерей с лестницей, которую употребляли военные, чтобы добраться до места хранения взрывчатых зарядов.

REGGIA REALE DI VENARIA

> Piazza della Repubblica 4, Venaria Reale (To) > **Fuori Mappa/ Out of Map**

Reggia Reale di Venaria

Costruita tra il 1658 e il 1679 su commissione del duca Carlo Emanuele II, è una delle più importanti costruzioni sabaude in Piemonte. Da non perdere il **Castelvecchio**, che doveva costituire la porta d'accesso alla Reggia, **la Torre dell'Orologio** e la **scuderia** di **Juvarra**, che si estende su oltre 2000 metri quadri di superficie: le ampie dimensioni di questo ambiente testimoniano l'importanza del cavallo nelle azioni di caccia.
A fianco alla Reggia si trova la chiesa di **Sant'Uberto**, patrono dei cacciatori, costruita tra il 1716 e il 1729 sempre su progetto di **Juvarra** su commissione di Vittorio Amedeo II di Savoia: la chiesa, a pianta centrale con nucleo ottagonale, quattro cappelle e due grandi altari, è considerata uno dei capolavori del barocco internazionale.

Reggia Reale di Venaria

Built between 1658 and 1679 commissioned by Duke Carlo Emanuele II, the Royal Reggia of Venaria is one of the most important 'Sabaude' constructions on Piedmont territory. Not to be missed is the **Castelvecchio**, which the architect intended to be the entrance to the Reggia, nor the **Clock Tower** or stables. Built in the 17th century style by Juvarra, they extend for almost 2000 square metres of surface area, testament to the importance of the horse in hunting.

Flanking the Reggia you can find the church of **Sant'Uberto**, patron saint of hunters, built between 1716 and 1729 again designed by **Juvarra**, commissioned by Vittorio Amedeo II of Savoia: the church, centrally planned with an octagonal nucleus is considered one of the international masterpieces of baroque.

Palacio Real de Venaria

Construido entre 1658 y 1679 por encargo del duque Carlos Manuel II, el Palacio Real de Venaria es uno de los edificios sabaudos más importantes de Piamonte. Merece una visita el **Castelvecchio**, que en el proyecto del arquitecto era, sin duda, la puerta de acceso al Palacio Real, la **Torre del Reloj** y las caballerizas de **Juvarra**, que se extienden sobre más de 2.000 metros cuadrados de superficie: sus amplias dimensiones revelan la importancia del caballo para la cazería.
Al lado del Palacio Real se encuentra la iglesia de **Sant'Uberto**, patrono de los cazadores, construida entre 1716 y 1729, nuevamente a partir de un proyecto de Juvarra por encargo de Víctor Amadeo II de Saboya: la iglesia, de planta central con núcleo octogonal, cuatro capillas y dos grandes altares, está considerada una de las obras maestras del barroco internacional.

Palais Royal de Venaria

Edifié de 1658 à 1679 sur commission de le Duc Chales-Emmanuel II, le Palais Royal de Venaria est un des plus importants palais de la famille de Savoie en terre piémontaise. Ne manquez pas de visiter le **Castelvecchio** (vieux château) qui, selon le projet de l'architecte, devait constituer la porte d'accès du Palais, **la Tour de l'Horloge** et les écuries de **Juvarra** ; avec leurs 2000 mètres carrés de superficie, les vastes dimensions de cette partie témoignent de l'importance du cheval dans les activités de la chasse.
A côté du Palais se trouve l'église de **Saint-Hubert**, patron des chasseurs, construite de 1716 à 1729, toujours d'après un projet de Juvarra. Elle fut commissionnée par Victor-Amédée II de Savoie. L'église, doté d'un plan centré s'organise autour d'un octogone et possède quatre chapelles et deux grands autels ; elle est considérée comme l'un des chefs-d'œuvre du baroque international.

Königsschloss von Venaria

Das Schloss wurde zwischen 1658 und 1679 von Herzog Karl Emanuel II in Auftrag gegeben und nach den Entwürfen des Architekten **Amadeo di Castellamonte** errichtet. Es stellt eines der bedeutendsten savoyischen Bauwerke in der Region Piemont dar. Das Schloss erstreckt sich auf 80.000 m? und umfasst gleichfalls den Park und das mittelalterliche Viertel von Venaria.
Bemerkenswert sind auch das **Castelvecchio**, das nach den Plänen des Architekten als Zugang zum Schloss gedacht war, sowie der **Uhrenturm** und der Marstall, den **Juvarra** im Stile des 18. Jahrhunderts entworfen hat und der über 2000 m? umfasst. Diese großzügigen Dimensionen zeugen vom Stellenwert der Pferde während der Jagden.
Neben dem Schloss steht die Kirche **Sant'Uberto**, des Schutzheiligen der Jäger, die zwischen 1716 und 1729 gebaut und ebenfalls von Juvarra entworfen wurde nach Auftrag von Viktor Amadeus II von Savoyen. Es handelt sich um einen Zentralbau mit achteckiger Grundfläche, vier Kapellen und zwei großen Altären, der weltweit als eines der **Meisterwerke des Barock** angesehen wird.

Королевский дворец в Венарии

Королевский дворец Венарии, построенный между 1658 и 1679 годами по проекту архитектора Амедео ди Кастелламонте и выполненный по заказу герцога Карла Эммануила II, является одним из самых важных савойских сооружений на пьемонтской территории. Дворец простирается на 80.000 кв. м., включая парк и исторический поселок Венария. Следует упомянуть и Кастельвеккьо (Старый Замок), который по проекту архитектора должен был представлять входные ворота Королевского дворца, Башню Часов и конюшню построенную по проекту Ювары в стиле XVIII века, которая занимает поверхность более 2000 кв. м.: огромные размеры этого здания свидетельствуют о важности лошади в охотничьей деятельности.
Сбоку от Дворца находится Церковь Святого Губерта, покровителя охоты, построенная между 1716 и 1729 годами по проекту Ювары и по заказу Виктора Амадея II Савойского. Церковь с ее восьмиугольным центральным планом, с четырьмя капеллами и двумя большими алтарями рассматривается, как один из шедевров международного барокко.

PALAZZINA DI CACCIA DI STUPINIGI

> Piazza Principe Amedeo 7, Nichelino (To) > **Fuori Mappa/ Out of Map**

Palazzina di caccia di Stupinigi

Fu costruita da **Juvarra**, cui seguirono le collaborazioni di altri architetti come Prunotto, Bo e **Alfieri,** nel 1729 su incarico di Vittorio Amedeo II: la struttura era stata pensata come una elegante casa venatoria e doveva rappresentare il simbolo della maestosità della famiglia reale.

La palazzina è costituita da un grande salone centrale dal quale si snodano quattro bracci che formano una croce di Sant'Andrea: qui vi sono gli appartamenti reali. Nella volta del salone si può ammirare il meraviglioso affresco dei fratelli **Valeriani** raffigurante il *Trionfo di Diana*, dea della caccia. Da non perdere **l'Anticamera della Regina**, dove sono conservati affreschi di Crosato, Casoli e Bonzanigo, e **l'Anticamera del Re**, affrescata da pittori del calibro di Beaumont e Olivero.

Palazzina di caccia di Stupinigi

Again built upon a design by **Juvarra** and followed by other collaborating architects like Prunotto, Bo and **Alfieri**, commissioned by Vittorio Amedeo II: the structure was designed as a an elegant country house and representative of the majesty of the royal family. The Palazzina is made up of a large central hall which joins four smaller arms making a St.Andrew's cross, here you can find the royal apartments and the guest rooms. In the vault of the oval hall you can admire the marvellous fresco by the **Valeriani** brothers representing the 'Triumph of Diana', goddess of hunting. Do not miss either the antechamber of **The Queen**, where there are frescos by Crosato, Casoli and Bonzanigo, and the antechamber of **The King** frescoed by the painters Beaumont and Olivero.

Palacio de caza de Stupinigi

Fue construida en 1729 a partir de un proyecto de **Juvarra,** – al que le siguieron las colaboraciones de otros arquitectos como Prunotto, Bo y **Alfieri** – por encargo de Víctor Amadeo II. La estructura había sido pensada para ser una elegante casa de caza y tenía que representar el símbolo de la majestuosidad de la familia real.

El palacio está formado por un salón central de donde arrancan cuatro brazos más bajos que forman la cruz de San Andrés: aquí se encuentran los apartamentos reales y los de los invitados. Precisamente en la bóveda del salón de planta ovalada se puede admirar el magnífico fresco de los hermanos **Valeriani** en el que está representado el *Triunfo de Diana*, diosa de la caza.

Merece una visita la **Antesala de la Reina**, donde se guardan frescos de Crosato, Casoli y Bonzanigo, y la **Antesala del Rey**, decorada con frescos por pintores de la talla de Beaumont y Olivero.

Petit Pavillon de chasse de Stupinigi

Il fut construit lui aussi par **Filippo Juvarra**, auquel suivirent les collaborations d'autres architectes comme Prunotto, Bo et **Alfieri**, en 1729 à la demande de Victor-Emmanuel II : l'édifice a été conçu comme un élégant pavillon de chasse et devait représenter le symbole de la majesté de la famille royale.
Le pavillon est constitué d'un grand salon central à partir duquel partent quatre bras plus bas qui forment une croix de Saint-André : c'est ici que sont situés les appartements royaux et ceux des hôtes. Sur la voûte, de forme ovale, on peut admirer la merveilleuse fresque des frères **Valeriani** représentant le *Triomphe de Diane*, déesse de la chasse. Il faut surtout visiter l'**Antichambre de la Reine**, où sont conservées les fresques de Crosato, Casoli et Bonzanigo, et l'**Antichambre du Roi**, ornée de fresques de peintres du calibre de Beaumont et Olivero.

Jagdschlösschen von Stupinigi

Der Entwurf dieses Schlosses stammt einmal mehr von **Filippo Juvarra**, dessen Arbeiten durch die Zusammenarbeit anderer Architekten wie Prunotto, Bo und **Alfieri** 1729 im Auftrag von Viktor Amadeus II fortgeführt wurden. Es ist von einem anliegenden Park und Garten umgeben und war als elegante Jagdresidenz gedacht, die die Herrlichkeit der Königsfamilie repräsentieren sollte.
Das Schlösschen, das man über eine lange Allee von Turin aus erreicht, besteht aus einem großen Hauptsaal. Von diesem gehen vier niedrigere Flügelbauten aus, die ein Andreaskreuz bilden. Hier befanden sich die Wohnräume für die Mitglieder der Königsfamilie und der Gästetrakt. An das Gewölbe des Saales, der eine ovale Grundfläche hat, haben die Gebrüder **Valeriani** das Fresko "Der Sieg Dianas", der Königin der Jagd, gemalt. Nicht entgehen lassen sollte man sich auch das Vorzimmer der Königin, das Wandmalereien von Crosato, Casoli und Bonzanigo beherbergt, genau so wenig wie jenes des Königs, dessen Wände von Malern vom Range Beaumonts und Oliveros dekoriert wurden und das eine typische Louis-Quinze-Einrichtung besitzt.

Охотничий дворец Ступиниджи

По заказу Виктора Амадея дворец был построен в 1729 году. Проект был разработан Филиппом Юварой и дополнен архитекторами Прунотто, Бо и Альфиери. Структура была задумана, как элегантный охотничий дом, который должен был быть символом величия королевской семьи; он был обогащен окружающими его парками и садами.
Дом, к которому ведет длинная аллея, начинающаяся в Турине, состоит из большого центрального салона, от которого расходятся более низкие четыре крыла, образующие крест Святого Андрея. В них расположены королевские покои , а также помещения для гостей. На потолке овального салона можно любоваться фреской братьев Валериани, изображающей Триумф Дианы, богини охоты. Следует осмотреть Прихожую Королевы, в которой сохранились фрески Крозато, Казоли и Бондзаниго, и Прихожую Короля, где фрески расписаны художниками такого уровня, как Бомон и Оливеро.

SACRA SINDONE

> Duomo - Via XX Settembre, 87 > **Map C,D-8**

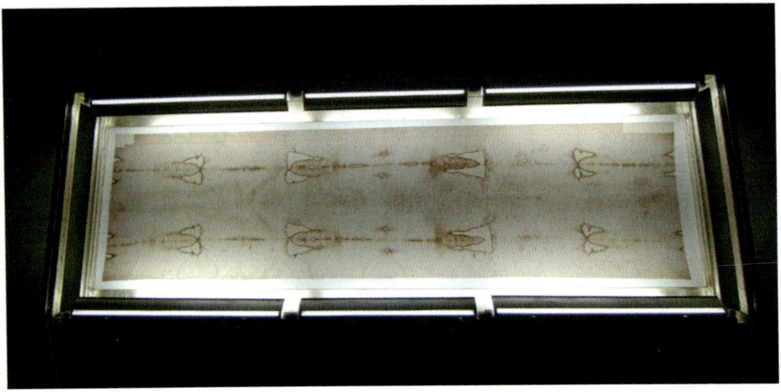

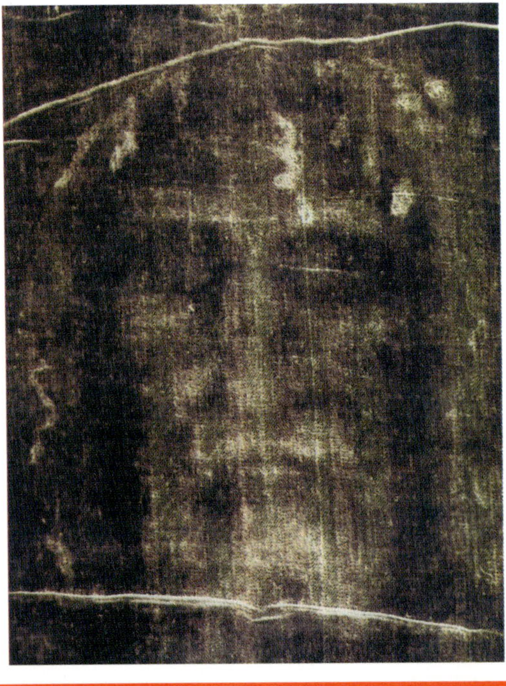

La Cappella della Sacra Sindone è dedicata alla reliquia considerata il sudario in cui fu avvolto il corpo di Gesù. L'Ostensione della Sacra Sindone è un evento eccezionale. L'ultima è avvenuta nel 2010.
Nella prima cappella a sinistra del Duomo è esposta una copia fotografica in dimensioni reali.

The Chapel is dedicated to the relic held to be the burial cloth in which Jesus' body was wrapped after the crucifixion. The Shroud is only exhibited on very rare occasions. The last time was in 2010. A photographic copy in real size is on show in the first chapel on the left inside the cathedral.

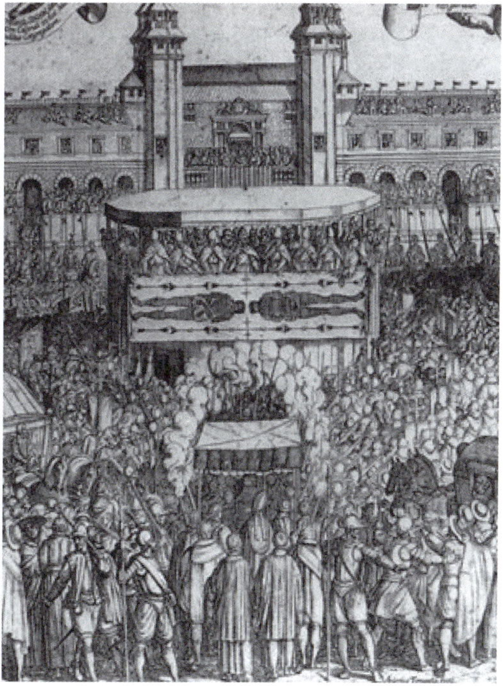

La Capilla del Santo Sudario está dedicada a la reliquia considerada el sudario en el que fue envuelto el cuerpo de Jesucristo.
La Ostensión de la Sábana Santa es un evento excepcional.
La última vez que fue exhibida tuvo lugar en el 2010. En la primera capilla del lado izquierdo del Duomo está expuesta una copia fotográfica en dimensiones reales.

Kappelle des Leichentuchs Christi: Sie ist der Reliquie gewidmet, die für das Leichentuch Christi gehalten wird, in das der Körper Jesus Christus gehüllt wurde.
Die Ausstellung des Heiligen Leintuchs ist ein seltenes Ereignis. In der ersten linken Kappelle des Doms wird eine Photographie ausgestellt.

Chapelle du Saint Suaire : elle est dédiée à la relique considérée comme étant le suaire dans lequel fut enveloppé le corps de Jésus-Christ.
L'Ostension du Linceul est un événement exceptionnel.
La dernière fois il a etè en 2010. Une copie photographique est exposée dans la première chapelle de gauche du Dôme.

› ARMERIA REALE
Piazza Castello, 191
Tel. 011.543889
Orari/Hours: mar-dom/Tuesdays-Sundays: 8.30-19.30; ultimo ingresso/last entrance: 19.00
Chiuso/Closed: lunedi/Mondays

› ARCHIVIO STORICO DELLA CITTÀ DI TORINO
Via Barbaroux, 32
Tel. 011.4431811
Orari/Hours: lun-ven/Mondays-Fridays: 8.30-16.30
Chiuso/Closed: sab-dom/Saturdays-Sundays

› ARCHIVIO DI STATO
Piazza Castello, 209
Tel. 011.5403821
Orari/Hours: lun-ven/Mondays-Fridays: 8.30-18.30; sab/Saturdays: 8.30-14.00
Chiuso/Closed: domenica/Sundays

› BASILICA DI SUPERGA E TOMBE DEI SAVOIA
Strada Basilica di Superga, 75
Tel. 011.8997456
Orari/Hours: Tombe: 9.30-19.30
ultimo ingresso/last entrance: 18.45

› CASTELLO DI RIVOLI
Piazza Mafalda di Savoia - Rivoli (TO)
Tel. 011.9565222
Orari/Hours: mar-ven/Tuesdays-Fridays: 10.00-17.00, sab-dom/Saturdays-Sundays: 10.00-19.00
Chiuso/Closed: lunedi/Mondays

› FONDAZIONE MERZ
Via Limone, 24
Tel. 011.19719437
Orari/Hours: mar-dom/Tuesdays-Sundays: 11.00-19.00
Chiuso/Closed: lunedi/Mondays

› FONDAZIONE SANDRETTO RE REBAUDENGO
Via Modane, 16 - Tel. 011.3797600
Orari/Hours: mar-mer-ven/Tuesdays-Wednesdays-Fridays: 14.00-19.00,
gio/Thursdays: 14.00-19.30/20.00-23.00, sab-dom/Saturdays-Sundays: 12.00-19.00
Chiuso/Closed: lunedi/Mondays

› **FONDAZIONE PIETRO ACCORSI MUSEO DI ARTI DECORATIVE**
Via Po, 55
Tel. 011.8376883
Orari/Hours: mar-dom/Tuesdays-Sundays: 10.00-13.00/14.00-18.00 (ultimo ingresso/last entrance 17.45)
Chiuso/Closed: lunedì/Mondays

› **GALLERIA SABAUDA**
Via Accademia delle Scienze, 6 - Tel. 011.5641748
Orari/Hours: mar-dom/Tuesdays-Sundays: 8.30-19.30
Chiuso/Closed: lunedì/Mondays

› **GALLERIA CIVICA D'ARTE MODERNA E CONTEMPORANEA - G.A.M.**
Via Magenta, 31
Tel. 011.4429610
Orari/Hours: mar-dom/Tuesdays-Sundays: 10.00-18.00
Chiuso/Closed: lunedì/Mondays

› **MUSEO NAZIONALE DEL CINEMA**
Via Montebello, 20
Tel. 011.8138560/561
Orari/Hours: mar-dom/Tuesdays-Sundays: 9.00-20.00, sab/Saturdays: 9.00-23.00
Chiuso/Closed: lunedì/Mondays

› **MUSEO CIVICO PIETRO MICCA E DELL'ASSEDIO DI TORINO DEL 1706**
Via Guicciardini, 7a
Tel. 011.546.317
Orari/Hours: mar-dom/Tuesdays-Sundays: 9.00-19.00; ultimo ingresso/last entrance: 18.15
Chiuso/Closed: lunedì/Mondays

› **PALAZZO MADAMA MUSEO CIVICO D'ARTE ANTICA**
Piazza Castello
Tel. 011.4433501
Orari/Hours: mar-sab/Tuesdays-Saturdays: 10.00-18.00, dom/Sundays: 10.00-20.00
Chiuso/Closed: lunedì/Mondays

› **PALAZZO REALE**
Piazzetta Reale
Tel. 011.4361455
Orari/Hours: mar-sab/Tuesdays-Saturdays: 8.30 -19.30; ultimo ingresso/last entrance: 18.30
Chiuso/Closed: lunedì/Mondays

› PINACOTECA GIOVANNI E MARELLA AGNELLI
Via Nizza, 230
Tel. 011.0062713
Orari/Hours: mar-sab/Tuesdays-Saturdays: 10.00-19.00; ultimo ingresso/last entrance: 18.15
Chiuso/Closed: lunedì/Mondays

› MUSEO DELLA SINDONE
Via San Domenico, 28
Tel. 011.4365832
Orari/Hours: lun-dom/Mondays-Sundays: 9.00-12.00/15.00-19.00;
ultimo ingresso/last entrance: 18.00

› MUSEO NAZIONALE DEL RISORGIMENTO ITALIANO
Via Accademia delle Scienze, 5
Tel. 011.5621147
Orari/Hours: mar-dom/Tuesdays-Sundays: 9.00-19.00; ultimo ingresso/last entrance: 18.00
Chiuso/Closed: lunedì/Mondays

› REGGIA DI VENARIA REALE
Piazza della Repubblica, 4 - Venaria Reale (TO)
Tel. 011.4992333
Orari/Hours: mar-ven/Tuesdays-Fridays: 9.00-17.00, sab-dom/Saturdays-Sundays: 9.00-20.00
Chiuso/Closed: lunedì/Mondays (tranne i festivi/except holidays)

› MUSEO D'ARTE ORIENTALE
Via San Domenico, 11 - Tel. 011.4436927
Orari/Hours: mar-dom/Tuesdays-Sundays: 10.00-18.00
Chiuso/Closed: lunedì/Mondays

› MUSEO EGIZIO
Via Accademia delle Scienze, 6
Tel. 011.5617776
Orari/Hours: mar-dom/Tuesdays-Sundays: 8.30 - 19.30; ultimo ingresso/last entrance: 18.30
Chiuso/Closed: lunedì/Mondays

› MUSEO DIFFUSO DELLA RESISTENZA, DELLA DEPORTAZIONE, DELLA GUERRA, DEI DIRITTI E DELLA LIBERTÀ
Corso Valdocco, 4
Tel. 011.4361433
Orari/Hours: mar-dom/Tuesdays-Sundays: 10.00-18.00, gio/Thursdays: 14.00-22.00
Chiuso/Closed: lunedì/Mondays

› **MUSEO DI ANTICHITÁ**
Via XX Settembre, 88/c
Tel. 011.5211106
Orari/Hours: mar-dom/Tuesdays-Sundays: 8.30-19.30
Chiuso/Closed: lunedi/Mondays

› **MUSEO NAZIONALE DELLA MONTAGNA "DUCA DEGLI ABRUZZI"**
Piazzale Monte dei Cappuccini, 7
Tel. 011.6604104
Orari/Hours: 9.00-19.00
Chiuso/Closed: lunedi/Mondays

› **MUSEO REGIONALE DI SCIENZE NATURALI**
Via Giolitti, 36
Tel. 011.4326354
Orari/Hours: 10.00-19.00
Chiuso/Closed: martedi/Tuesdays

› **PALAZZO BAROLO - MUSEO DELLA SCUOLA - FONDAZIONE TANCREDI DI BAROLO**
Via delle Orfane, 7
Tel. 011.19784944
Orari/Hours: lun-ven/Mondays-Fridays: 9.30-12.30; 2° dom/2nd Sunday: 15.30-18.30
Chiuso/Closed: sab/Saturdays

› **MUSEO A COME AMBIENTE**
Corso Umbria, 84
Tel. 011.0702535
Orari/Hours: lun-ven/Mondays-Fridays: 9.00-17.00 (solo per gruppi su prenotazione/only for reserved groups), sab-dom/Saturdays-Sundays: 14.00-19.00

› **PALAZZINA DI CACCIA DI STUPINIGI - MUSEO D'ARTE E AMMOBILIAMENTO**
Piazza Principe Amedeo, 7 - Stupinigi (TO)
Tel. 011.3581220
Chiuso per restauro / closed for restore

› **MUSEO OLIMPICO TORINO 2006**
Via Giolitti, 36
Tel. 011.4326354
Orari/Hours: 10.00-19.00
Chiuso/Closed: martedi/Tuesdays

RISTORANTI
Restaurant

- **AL GARAMOND**
  Via Pomba, 14
  011 8122781
- **A TAVOLA**
  Via Bava, 1/g
  011 8159272
- **ASPETTANDO MIMI' OSTERIA**
  Corso Siccardi, 15bis
  011 5625430
- **ANTICA TRATTORIA CON CALMA**
  Str. Comunale del Cartman, 59
  011 8980229
- **AUGUSTO**
  Via San Quintino, 11/A
  011 5623173
- **BERBEL**
  Via San Domenico, 33/b
  011 4366778
- **BIRILLI**
  Strada Val San Martino, 6
  011 8190567
- **CASABLANCA**
  Via Caserta, 8
  011 2767686
- **CAPRICCIOLI**
  Via San Domenico, 40
  011 4368233
- **DA PEPPINO**
  Via Mercanti, 7h
  011 530570
- **DADO'**
  Via San Antonio da Padova, 3
  011 19507972
- **DA CIRO**
  Corso Vinzaglio, 17
  011 531925
- **DELFINO BLU**
  Corso Orbassano, 277
  011 3115080
- **EL CENTENARIO**
  Via Biancamano, 3
  011 539506
- **FRATE DIVINO**
  Via Boucheron, 11
  011 5171668
- **GLADIATORE**
  Via Artisti, 7
  011 837722
- **GRAMSCI**
  Via Gramsci, 12
  011 540635
- **IL PADELLINO**
  Corso Vinzaglio, 21/b
  011 533730
- **LA CAPANNINA**
  Via Donati, 1
  011 545405
- **LA CABASSA**
  Via Juvarra, 20
  011 5063524
- **LA GRANSEOLA**
  Via San Giovanni Bosco, 10
  011 484588
- **LA PESCHERIA**
  Via San Anselmo, 38
  011 6599212
- **LA PORTA ROSSA**
  Via Passalacqua, 3/B
  011 530816
- **MOLO 16**
  Via Morgari, 16
  011 6504388
- **PORTO DI SAVONA**
  Piazza Vittorio Veneto, 2
  011 8173500
- **RICREAZIONE**
  Via Buozzi, 2
  011 5537463
- **POLLASTRINI**
  Corso Palestro, 2
  011 535031
- **QUERIO DAL 1858**
  Via Cernaia, 22/e
  011 5621094
- **RAVELLO**
  Via Tarino, 2
  011 835143
- **ROMOLETTO**
  Piazza Repubblica, 8
  011 5212269
- **SCIALATIELLI & PACHINO**
  Corso San Martino, 8/10
  011 540384
- **SICOMORO**
  Via degli Stampatori, 6
  011 4407246
- **SOTTO LA MOLE**
  Via Montebello, 9
  011 8179398
- **TAVERNA DELLE ROSE**
  Via. Massena, 24
  011 538345
- **TRATTORIA DA GIO'**
  Via Mazzini, 56/H
  011 8390563
- **TRATTORIA EL CRINET**
  Via Gropello, 17/e
  011 4347415

› **TRATTORIA SPIRITO SANTO**
Largo IV Marzo, 11
011 4360877

› **TRATTORIA TORRICELLI**
Via Torricelli, 51
011 5819508

› **TROPICANA**
Corso Mediterraneo, 84
011 591210

› **VOLVER**
Via Botero, 7
011 5660524

PIZZERIE

Pizza

› **ALBERONI**
Corso Moncalieri, 288
011 6615433

› **AMICI MIEI**
Corso Vittorio Emanuele II, 94
011 5069961

› **AMORE MIO**
Via Filadelfia, 21
011 3017148

› **AUMM AUMM PIZZERIA**
Via Rodi, 4
011 5617526

› **DESSI'**
Via Madam Cristina, 63
011 6687138

› **LA VECCHIA SUEVA**
Via San Paolo, 33
011 3851065

› **MONACHELLA**
Via Santa Croce, 2
011 8138127

› **NOE'**
Via Guala, 120
011 3174520

› **PERSONAGGIO**
Via Lancia, 2/B
011 386564

› **PIZZA JET**
Corso Francia, 247
011 724700

› **PIZZE & COZZE**
Via Viotti, 8/A
011 5162035

› **PORCALOCA**
Via Tunisi, 50
011 3032490

› **PRATICO**
Via Cherubini, 37
011 235046

› **RONDINI**
Piazza Repubblica, 1/bis
011 4338743

› **SARACENO**
Corso XI Febbraio, 6
011 4338791

› **SEVEN UP**
Via Doria, 4
011 543582

› **ZEUS**
Via Arnaldo da Brescia, 23
011 3192400

CAFFÈ E BAR
Caffè e Bar

› **AL BICERIN**
Piazza della Consolata, 5
011 4369325

› **BARATTI & MILANO**
Piazza Castello, 27
011 4407138

› **BON TON**
Via Santore di Santarosa, 7/B
011 8190182

› **CAFFE' TORINO**
Piazza San Carlo, 204
011 545118

› **CAFFE' VENTUNO**
Pizza Vittorio Veneto, 21
011 8122209

› **CORNER CAFFE'**
Corso Vittorio Emanuele II, 100
011 5360807

› **BEATRICE**
Piazza Statuto, 16
011 5214618

› **CONSERVATORIO**
Via Mazzini, 12
011 835003

› **FIORIO CAFFE'**
Via Po, 8
011 8173225

› **IL PORTICO**
Corso Lombardia, 198/b
331 9235984

› **LAB**
Piazza Vittorio Veneto, 13
011 8170669

› **PEPINO GELATI**
Piazza Carignano, 8
011 542009

› **ROMA GIA' TALMONE**
Piazza Carlo Felice, 36
011 5069215

› **SAN CARLO**
Piazza San Carlo, 156
011 532586

› **TROCADERO DISCO BAR**
Via Doria, 12
011 5620966

WINE BAR
Wine Bar

› **CANTINE BARBAROUX**
Via Barbaroux, 13f
011 535412

› **DAMADAMA**
Piazza Madama Cristina, 6
011 655711

› **ENOTECA DELLE ROSINE**
Via delle Rosine, 10
011 837306

› **FREEVOLO**
Piazza Emauele Filiberto, 7
011 4362222

› **LA DROGHERIA**
Piazza Vittorio Veneto, 18
011 8122414

› **LA CROTA**
Corsoso Vercelli, 102
011 284425

› **MOOD**
Via Cesare Battisti, 3
011 5660809

› **PAROLA**
Corso Vittorio Emanuele II, 76
011 4544939

› **SHORE**
Piazza Emanuele Filiberto, 7
011 4363495

DISCOTECHE
Disco

- **HENNESSY**
Strada Traforo del Pino, 23
388 1458606

- **CACAO**
Viale Ceppi, 8
011 6502140

- **CHALET**
Viale Virgilio, 25
011 6689777

- **DISCOVERY**
Corso Moncalieri, 145
011 6601770

- **LA GARE**
Via Paolo Sacchi, 65
011 5805554

- **LIFE**
Corso Massimo d'Azeglio, 3a
011 6680408

- **ROTONDA VALENTINO**
Corso Massimo D'Azeglio, 11
011 6690855

- **SOLOTALCO**
Via Cuneo, 16
011 6061058

- **VANIGLIA**
Strada Sabaudia, 25bis
011 6611288

- **PATIO E INVIDIA**
Corso Moncalieri, 346
011 6615166

- **PICK UP**
Via Barge, 8
011 4472204

NEGOZI DI MODA
Shopping

- **BERTOLINI & BORSE**
Via Toefilo, 3/E
011 5185510

- **BORBONESE**
Via dei Mercanti, 16
011 541624

- **COCCINELLE**
Via Po, 6
011 8121675

- **D&G**
Via Roma, 239
0115604055

- **FURLA**
Via Antonio Gramsci, 7
011 545562

- **HERMES**
Via Roma, 124
011 546971

- **LOUIS VUITTON**
Via Roma, 316
011 5620678

- **LUISA SPAGNOLI**
Via Roma, 61
011 547136

- **MANDARINA DUCK**
Via Roma, 76
011 5628870

- **MAX MARA**
Via Roma, 279
011 5621205

- **SAN CARLO 1973**
Via Lagrange, 21
011 5114111

- **VERSACE**
Galleria San Federico, 60
011 547002

- **ZARA**
Via Roma, 360/362
011 4407487

ANTICHITÀ
Antiques

- **BALSANO**
Via Maria Vittoria, 29
011 8122361

- **BROZZETTI**
Via San Secondo, 35/B
011 5819445

- **CAPITELLO**
Via Giuseppe Mazzini, 13
011 8170477

- **CHIAVASSA**
Via A. G. Bertola, 25b
011 5217384

- **DAMIANO**
Corso Vittorio Emanuele II, 92
011 5624868

- **GHIRARDINI**
Via Mercanti, 11
011 538488

- **JAWA**
Via A. G. Bertola, 31/d/f
0115173098

- **PELLEGRINO BARTOLOMEO**
Via Maria Vittoria, 27
011 889262

- **SCHREIBER COLLEZIONI**
Via della Rocca, 29
011 836487

- **TERRE D'ORIENTE**
Via Vittorio Andreis, 18/10
011 4368920

- **YESTERDAY**
Via Francesco Petrarca, 11
011 6503319

GIOIELLERIE
Jewellery

- **BARRON GIOIELLI**
Via Garibaldi, 5
011 5629606

- **BOUTIQUE CARTIER**
Via Roma, 330/332
011 5628656

- **BUOSI**
Via Angrogna, 16
011 7793536

- **DADODORO**
Via Garibaldi, 37-39
011 549968

- **FAGNOLA**
Via Gramsci, 15
011 533504

- **FRANCO PERAZZO**
Corso Racconigi, 13
011 4476523

- **GIOVANDO**
Corso Orbassano, 222
011 353961

- **MARIATTI**
Via Vanchiglia, 19
011 81224404

- **SWAROVSKI MORETTI**
Corso Racconigi, 32
011 3852651

- **TAGLIANTE**
Corso Brescia, 21
011 235761

NOLO ED INFORMAZIONI
Rent and info

NOLO AUTO/MOTO/BICI
Rent a car/motor/bike

- **AUTOSTRADELLA**
  Via Stradella, 144/b
  011290123
- **EUROPCAR**
  Via Madama Cristina, 72
  011 6503603
- **HERTZ**
  Corso Vitt.Turati, 37
  011 502080
- **MAGGIORE**
  Aeroporto Caselle
  011 4701929
- **SIXT**
  Via Mongrando, 48
  011 888768
- **ATICAR**
  Via Micheli, 14
  011 3040820
- **MONDOBICI**
  Via San Domenico, 28
  011 5613059
- **MOTONOLO**
  Via Garessio, 35
  011 8608577

INFO TURISTICHE
Tourist information

- **ATRIUM TORINO**
  Piazza Solferino
  Orari/Hours: 9.30-19.00
  http:www.atriumtorino.it
- **STAZIONE FERROVIARIA DI PORTA NUOVA**
  Orario/Hours: lun-sab/Mondays-Saturdays 9.30-19.00; dom/Sundays 9.30-15
  http://grandistazioni.it/
- **AEROPORTO INTERNAZIONALE DI CASELLE**
  Orari/Hours: 8.30-22.30
  http://www.aeroportoditorino.it/
  Tel. +39 011 535181
  Fax +39 011 530070
  Email: info@turismotorino.org

NUMERI UTILI
Useful telephone numbers

- **FERROVIE DELLO STATO**
  State Railways
  892.021
- **AEROPORTO SANDRO PERTINI-CASELLE**
  Caselle Airport
  011.56.76.361
- **TAXI**
  011.57.37/011.57.30
  011.33.99
- **SOCCORSO STRADALE**
  Road Emergency Service
  803.116
- **QUESTURA**
  Police Office
  011.55.881
- **CARABINIERI**
  Military Police Emergency
  112
- **POLIZIA DELLO STATO**
  State Police
  113
- **EMERGENZA SANITARIA**
  Medical Emergency
  118
- **VIGILI DEL FUOCO**
  Fire Brigade
  115
- **GUARDIA DI FINANZA**
  Finance Police Emergency
  117
- **GUARDIA MEDICA**
  Medical Service
  011.57.47

ELENCO STRADALE
List of streets

A

ABEGG AUGUSTO (via) H-9
ACCADEMIA ALBERTINA (via) D-9
ACCADEMIA DELLE SCIENZE (via) D-8
ACCADEMIA MILITARE (piazzetta) D-8 (v. Verdi)
ACQUI (via) D-10(v. Villa della Regina)
ACTIS VITTORIO (via) F-2
ADAMELLO (via) H-2
ADDA (via) A-6
ADRIANO (piazza) E-5
ADRIATICO (corso) H-7
ADUA (piazzale) E-11
AGLIÈ (via) A-7
AGOSTINO DA MONTEFELTRO (via) G-8
AGRIGENTO (lungo Dora) B-7
AGUDIOTOMMASO (via) A-12
AIRASCA (via) H-6
ALAGNA (via) A-6
ALASONATTI OSVALDO (via) D-5
ALASSIO (via) I-9
ALBERA Don PAOLO (piazza) C-8
ALBERONI (strada vicinale degli) I-11
ALBUGNANO (via) C-11
ALBY GIUSEPPE (via) F-11
ALERAMO SIBILLA (via) A-10
ALESSANDRIA (via) B-8
ALFIANO (via) H-7
ALFIERI VITTORIO (via) D-8
ALIMONDA Cardinale GAETANO (via) B-7
ALLIEVO GIUSEPPE (piazzale) A-5
ALLIONI CARLO (via) D-6
ALMESE (via) E-5
ALPETTE (via) A-5
ALPI (via delle) D-6
ALPIGNANO (via) E-5
ALTESSANO (strada comunale di) B-2
AMADEO GIOVANNI ANTONIO (via) G-10
AMALFI (via) B-9
AMBROSINI LUIGI (via) B-2
AMEDEO DI FRANCESCO DA SETTIGNANO (via) C-2
AMEDEO IX (ponte) B-5
AMENDOLA GIOVANNI (via) E-8
ANCONA (via) B-8
ANDORNO (via) B-10
ANDREIS VITTORIO (via) C-7
ANGIOLIERI CECCO (via) B-12
ANGIOLINO (via) C-4
ANGROGNA (via) F-4
ANTINORI ORAZIO (via) G-8
ANTONELLI ALESSANDRO (lungo Po) B-11
AOSTA (via) B-8
APORTI FERRANTE (via) C-11
APPIO CLAUDIO (corso) D-4
APPROCCI (via degli) A-6
AQUILA (via L) C-5
AQUILEJA (via) H-10
ARBARELLO VINCENZO (piazza) D-7
ARBE (via) I-5
ARCIVESCOVO (via) E-8
ARDIGÒ ROBERTO (via) H-8
ARDUINO GASPARE (via) I-8
AREZZO (via) C-5
ARGENTERO GIOVANNI (via) G-9
ARGONNE (via) F-10
ARIMONDI GIUSEPPE (corso) F-7
ARIOSTO LODOVICO (via) C-7
ARNAZ (via) G-2
ARNÒ RICCARDO (via) A-3
ARONA (via) E-4
ARPINO GIOVANNI (via) G-2
ARQUATA (via) H-8
ARSENALE (via) E-8
ARTISTI (via degli) C-10
ARVIER (via) G-3
ASCOLI GRAZIADIO (via) C-5
ASIAGO (via) H-2
ASIGLIANO VERCELLESE (via) A-11
ASILO (via all') I-12
ASINARI DI BERNEZZO VITTORIO (via) F-3
ASMARA (piazza) C-11
ASPROMONTE (via) E-10
ASSAROTTI OTTAVIO (via) D-7
ASSIETTA (via) E-8
ASSISI (via) B-5
ASTI (via) D-11
VELLINO (via) C-5
AVET GIACINTO (via) D-6
AVEZZANA GIUSEPPE (via) F-6
AVIGLIANA (via) E-6
AVOGADRO AMEDEO (via) E-7
AZUNI ALBERTO (via) C-3
AZZI FRANCESCO (via) F-5

B

BADINI CONFALONIERI ALFONSO (via) A-3
BAGETTI PIETRO (via) D-6
BAGNASCO (via) H-6
BAIARDI PIETRO (via) I-10
ALANGERO (via) C-4
BALBIS (ponte) H-10
BALBIS GIAN BATTISTA (via) D-6
BALBO CESARE (aiuola) E-9
BALBO CESARE (via) C-10
BALDISSERA Generale (piazza) B-6
BALDISSERO (via) C-11
BALME (via) D-5
BALSAMO CRIVELLI DIEGO (viale) F-10
BALTEA (via) A-7
BANCHETTE (via) A-3
BANDIERA FRATELLI (via) F-6
BANFO ANTONIO (via) A-7
BARACCA FRANCESCO (via) A-6
BARBANIA (via) A-7
BARBARO ALDO (via) E-5
BARBAROUX GIUSEPPE (via) D-8
BARBERIS NICOLO' (via) A-4
BARCELLONA (piazza) D-5
BARD (via) H-3
BARDASSANO (via) C-11
BARDONECCHIA (largo) G-3
BARDONECCHIA (via) F-4
BARETTI GIUSEPPE (via) F-9
BARGE (via) F-5
BARI (via) C-6
BARLETTA (via) I-7
BARRILI ANTON GIULIO (via) H-8
BARTOLINI LORENZO (via) C-8
BASILICA (via della) C-8
BASSANO (via) I-5
BASSE DI DORA (strada delle) F-2
ATTISTI CESARE (via) D-8
BAUDI DI VESME ENRICO (via) I-4
BAVA EUSEBIO (via) C-10
BAVENO (via) F-3
BAZZI GIOVANNI (via) C-8
BEAULARD (via) F-4
BEAUMONT CLAUDIO FRANCESCO (via) D-6
BECCARIA GIAN BATTISTA (corso) D-6
BEGGIAMO CRISTOFORO (via) A-5
BEINASCO (via) B-6
BELFIORE (via) F-9
BELGIO (corso) A-11
BELGIRATE (via) A-5
BELLARDI LUDOVICO (ia) E-2
BELLARDO (strada consortile del) A-12
BELLEZIA GIAN FRANCESCO (via) D-7
BELLI PIETRINO (via) E-4
BELLINI VINCENZO (via) E-7
BELLOTTI BON LUIGI (via) C-5
BELLUNO (via) C-5
BELMONTE (via) A-7
BENA BATTISTA (via) G-2
BENACO (via) A-8
BENE VAGIENNA (via) I-6
BENEVELLO CESARE (via) D-9
BENEVENTO (via) B-11
BENTIVOGLIO PAOLO (via) F-1
BERARDI ROSARIO MARESCIALLO (largo) C-10
BERCHET GIOVANNI (via) D-8
BERGAMO (via) B-8
BERGERA LUIGI (via) G-3
BERINO MICHELE (via) H-2
BERLIA (strada vicinale della) t.p. F-1 (str. di Collegno)
BERNINI LORENZO (piazza) E-5
BERRUTI GIUSEPPE (via) F-1
BERSEZIO VITTORIO (via) B-8
BERTA AUGUSTO (via) G-6
BERTANI AGOSTINO (via) D-4 (str. d. Portone)
BERTHOLLET CLAUDIO LUIGI (via) F-9
BERTINI GIOVANNI (via) G-8
BERTOLA ANTONIO (via) D-8
BERTOLOTTI DAVIDE (via) E-7
BERTRANDI GIOVAN AMBROGIO (via) D-7
BESSANESE (via) C-4
BEVILACQUA QUINTO (via) H-3
BEZZECCA (via) E-10
BIAMONTI Abate GIACOMO LUIGI (via) D-10
BIANCAMANO UMBERTO (via) E-8
BIANCHI NICOMEDE (via) E-3
BIANCO CARLO (via) F-1
BIANZÈ (via) E-5
BIBIANA (via) A-5
BICOCCA (via) E-10
BIDONE GIORGIO (via) F-9
BIELLA (via) C-6
BIGLIERI GIULIO (via) I-10
BIOGLIO (via) A-8
BIONAZ (via) H-3
BISALTA (via) I-9
BISTAGNO LEONARDO (via) I-6
BISTOLFI LEONARDO (viale) H-4
BIXIO NINO (via) F-6
BIZZOZERO GIULIO (via) I-9
BLIGNY (via) D-7

BOBBIO (via) G-6
BOCCACCIO GIOVANNI (largo-Via) B-12
BOCCARDO GIOVANNI MICHELE (via) A-6
BODONI GIAN BATTISTA (piazza) E-9
BODONI GIAN BATTISTA (via) E-9
BOGETTO GABRIELE (via) D-5
BOGGIANI GUIDO (via) H-4
BOGGIO PIER CARLO (via) F-6
BOGINO GIAN BATTISTA (via) D-9
BOGNANCO (via) C-7
BOIARDO MATTEO MARIA (viale) G-10
BOLOGNA (largo) A-9
BOLOGNA (ponte) C-8
BOLOGNA (via) A-8
BOLZANO (corso) E-6
BONA BARTOLOMEO (via) H-9
BONAFOUS ALFONSO (via) D-10
BONCOMPAGNI di MOMBELLO CARLO (via) D-5
BONELLI FRANCO (via) C-7
BONGHI RUGGERO (piazza) A-4
BONSIGNORE FERDINANDO (via) D-10
BONZANIGO GIUSEPPE MARIA (via) D-6
BARELLI GIACINTO (via) C-9
BORG PISANI CARMELO (via) G-6
BORGARO (largo-via) B-4
BORGO DORA (piazza-via) C-7
BORGOMANERO (via) E-3
BORGOMASINO (via) B-3
BORGONE (via) F-4
BORGOSESIA (via) E-4
BORRIANA (via) A-9
BORROMINI FRANCESCO (piazza) C-11
BORSELLINO PAOLO (via) F-6
BORSI GIOSUÈ (via) C-3
BOSCONERO (via) B-5
BOSELLI PAOLO (via) E-3
BOSSI CARLO (via) D-5
BOSSOLASCO (via) G-6
BOTERO GIOVANNI (via) D-8
BOTTA CARLO (via) D-7
BOTTEGO VITTORIO (via) H-7
BOTTERO GIOVANNI BATTISTA (giardino) D-7 (v. Tasso)
BOTTESINI GIOVANNI (piazza) A-7
BOUCHERON CARLO (via) D-7
BOVE GIACOMO (via) G-7
BOVES (via) G-5
BOZZOLO CAMILLO (piazza) I-10
BRA (via) B-7
BRACCINI PAOLO (via) G-6
BRAMANTE (corso) H-9
BRANDIZZO (via) A-8
BRAVIN GIUSEPPE (via) B-4
BRESCIA (corso-largo) B-8
BRIANZA (corso) B-11
BRICCA MARIA (via) C-11
BRICHERASIO GIOVANNI BATTISTA (via) F-7
BRIN BENEDETTO (corso) B-5
BRINDISI (via) C-6
BRIONE (via) E-4
BRISSOGNE (via) H-3
BROCCA (via della) E-10
BROFFERIO ANGELO (via) E-8
BRONI (via) I-9
BROSIO MANIIO (piazzetta) F-7 (v. Legnano)
BRUGNONE CARLO GIOVANNI (via) G-9
BRUINO (via) E-5
BRUNELLESCHI FILIPPO (corso) H-4
BRUNETTA (via) F-5
BRUNO GIORDANO (via) H-8
BRUSÀ (via) A-4
BRUSA EMILIO (via) B-3
BRUSNENGO (via) A-4
BUFFA DI PERRERO CARLO (via) F-2
BUNIVA MICHELE (via) C-9
BUONARROTI MICHELANGELO (via) G-9
BUOZZI BRUNO (via) E-8
BURDIN (viale) H-5
BURONZO (via) E-4
BURZIO FILIPPO (via) D-6
BUSANO (via) D-4
BUSCA (via) I-9
BUSCALIONI CARLO MICHELE (via) B-9
BUSSOLENO (via) F-5
BUTTIGLIERA (via) C-11

C

CABOTO SEBASTIANO (via) G-7
CADORE (corso) A-11
CADORNA LUIGI (lungo Po) D-10
CADORNA RAFFAELE (via) I-7
CADUTI DI CEFALONIA E CORFÙ (giardino) G-6 (c. Ferrucci)
CADUTI DEI LAGER NAZISTI (parco) F-10
CAFASSE (via) C-4
CAGLIARI (via) B-9
CAGLIERO GIOVANNI CARDINALE (via) C-7
CAGNI UMBERTO (viale) E-10
CAIROLI (corso) E-10
CALABRIA (via) C-4
CALANDRA FRATELLI (via) E-9
CALATAFIMI (via) G-10
CALLERI (strada consortile dei) t.p. B-13 (c.Chieri)
CALUSO (via) A-4
CALVO EDOARDO (via) G-9
CAMANDONA (via) E-4
CAMBIANO (via) B-6
CAMBURZANO (via) E-4
CAMERANA GIOVANNI (via) F-8
CAMINO GIUSEPPE (via) B-7
CAMOGLI (via) H-8
CAMPANA FEDERICO (via) F-9
CAMPANELLA TOMMASO (piazza) E-3
CAMPIGLIA (via-) A-5
CAMPIGLIONE (via) G-5
CAMPO (via del) A-5
CANDELO (via) A-8
CANDIA (via) A-8
CANOVA ANTONIO (via) H-9
CANTALUPO (via) G-6
CANTELLO (strada consortile inferiore e superiore del) D-11
CANTOIRA (via) A-4
CANTORE ANTONIO (via) F-7
CANTÙ CESARE (via) C-4
CAPELLI CARLO (via) F-3
CAPELLINA DOMENICO (via) D-4
CAPPEL VERDE (via) D-8
CAPRERA (via) H-7
CAPRIE (via) E-5
CAPRIOLO LUIGI (via) F-4
CAPUA (via) C-5
GARAGLIO (via) G-5
CARCANO GIULIO (via) A-10
CARDEZZA (via) F-2
CARDINAL MAURIZIO (via) D-10
CARDUCCI GIOSUÈ (piazza) H-9
CARENA GIACINTO (via) D-6
CARESANA (via) A-9
CARIGNANO (piazza) D-8
CARISIO (via) E-4
CARLE FRATELLI (via) G-7
CARLO ALBERTO (piazza-via) D-8
CARLO EMANUELE I (ponte) B-10
CARLO EMANUELE II (piazza) D-9
CARLO EMANUELE III (ponte) C-5
CARLO FELICE (piazza) E-8
CARMAGNOLA (via) B-7
CARMINE (via del) D-7
CARRARA FRANCESCO (piazza) B-11
CARRARA MARIO (parco) D-3
CARRERA VALENTINO (via) E-3
CARRIERA ROSALBA (via) 0-3
CARRÙ (via) G-5
CARSO (via) G-5
CARUTTI DOMENICO (via) C-3
CASALBORGONE (via) C-11
CASALE (corso) C-11
CASALEGGIO MARIO (via) F-1
CASALIS GOFFREDO (via) D-5
CASAPINTA (via) B-4
CASATI GAETANO (via) I-4
CASELETTE (via) C-4
CASELLE (via) C-7
CASERTA (via) C-6
CASSINI GIAN DOMENICO (largo-via) G-7
CASTAGNETO (via) C-11
CASTAGNEVIZZA (via) I-7
CASTEGGIO (via) E-10
CASTELDELFINO (largo-via) A-5
CASTELFIDARDO (corso) F-6
CASTELLAMONTE (via) D-6
CASTELLINO ONORATO (via) G-4
CASTELLO (piazza) D-8
CASTELNUOVO (via) C-11
CASTELNUOVO DELLE LANZE (via) I-7
CASTIGLIONE (via) B-11
CATALANI ALFREDO (via) A-12
CATANIA (via) B-9
CATONE MARCO PORCIO (via) F-11
CATTI GIORGIO (via) G-2
CAVALCANTI GUIDO (piazza-via) B-12
CAVALIERI DI VITTORIO VENETO (parco) I-7
CAVALLERMAGGIORE (via) F-5
CAVALLI GIOVANNI CARLO (via) E-6
CAVALLOTTI FELICE (giardino) B-2
CAVEZZALE PIETRO (via) C-10
CAVORETTO (strada comunale di) I-11
CAVOUR CAMILLO (piazza-via) E-9
CECCHI ANTONIO (via) B-7
CENISCHIA (via) F-5
CEPPI CARLO (viale)F-10
CERES (via) D-4
CERESOLE (via) A-7
CERIGNOLA (piazzetta) A-8
CERNAIA (via) D-7

D

E

F

FABRIZI NICOLA (largo-via) E-4
FABRO ANTONIO (via) D-7
FAGNANO Monsignor GIUSEPPE (via) C-5
FALCONE GIOVANNI (via) E-6
FALCONIERI (strida vicinale dei) I-11
FANTI MANFREDO (via) F-7
FARINA SALVATORE (via) H-8
FARINI CARLO LUIGI (corso) C-10
FATTORI GIOVANNI (via) G-4
FAVRIA (via) A-8
FEBO (via) F-10
FELETTO (via) A-7
FENESTRELLE (strada comunale di) A-13
FENOGLIO GIUSEPPE (via) G-2
FEROGGIO GIOVANNI BATTISTA (via) C-3
FERRARA (corso) B-1
FERRARI GAUDENZIO (via) D-9
FERRARI PAOLO (via) A-8
FERRARIS GALILEO (corso) E-7
FERRERE (via) F-4
FERRERO VITTORIO (via) F-6
FERRUCCI FRANCESCO (corso) F-6
FIANO (via) D-5
FIDIA (via) G-2
FIERAMOSCA ETTORE (via) I-7
FIESOLE (via) B-2
FIGLIE DEI MILITARI (via) C-11
FILANGIERI GAETANO (via) G-8
FILIPPA ALESSANDRO (via) F-3
FILZI FABIO (piazza) H-10
FIOCCARDO (strada del) I-12
FIOCHETTO GIAN FRANCESCO (via) C-8
FIORANO (via) C-10
FIRENZE (lungo Dora) B-9
FIUME (corso) E-10
FOA' PIO (via) H-9
FOBELLO (via) B-1
FOGAZZARO ANTONIO (via) E-3
FOGGIA (via) B-8
FOGLIZZO (via) C-3
FOLIGNO (via) A-4
FONTANA LEONE (strada) I-12
FONTANELLA (via) A-6
FONTANESI ANTONIO (piazza-via) B-10
FORESTO (via) F-5
FORLANINI CARLO (via) H-8
FORLI (via) C-4
FORNACA FRATELLI (via) H-3
FORNELLI (via) A-5
FORNI (strada consortile dei) t.p. B-13 (c. Chieri)
FORNI e GOFFI (strada comunale dei) t.p. B-13 (c. Chieri)
FORONI JACOPO (via) A-8
FORTINO (strada del) B-7
FOSCOLO UGO (via) G-9
FOSSANO (via) C-5
FOSSATA (via) A-7
FOSSATI MAURILIO cardinale (via) G-4
FRANCIA (corso) D-6
FRANCIA (largo) E-5
FRANZOJ AUGUSTO (via) F-1
FRASSINETO (via) F-5
FREGUGLIA CARLO (piazza) I-12
FREIDOUR (via) F-4
FREJUS (via) F-5
FRESCOBALDI GIROLAMO (via) A-8
FRINCO (via) H-7
FROLA conte SECONDO (via) E-8
FROSSASCO (via) F-5
FRUGAROLO (via) H-8
FUSI VALDO (piazzale) E-9

G

GABETTI GIUSEPPE (corso) C-11
GABOTTO FERDINANDO (piazzale) I-9
GAETA (via) E-10
GAGLIANICO (via) F-3
GALILEI GALILEO (corso) G-10
GALLARATE (via) I-5
GALLIANO GIUSEPPE (via) F-7
GALLIARI BERNARDINO (via) E-9
GALLIATE (via) E-2
GALLUPPI PASQUALE (via) H-8
GALVAGNO FILIPPO (piazza) G-6
GALVANI LUIGI (via) D-5
GAMALERO (via) I-6
GAMBASCA (via) F-6
GANDOLFO RENZO (via) E-8
GARDONCINI GIOVANNI BATTISTA (via) D-4
GARELLI FEDERICO (via) A-12
GARESSIO (via) H-10
GARIBALDI GIUSEPPE (via) E-8
GARIZIO EUSEBIO (via) F-4
GASSINO (via) C-11
GASTALDI ANDREA (via) E-7
GATTI LUIGI (via) E-10
GATTICO (via) B-4
GATTINARA (via) B-10
GAUNA (via) A-5
GAVELLO,GIUSEPPE (via) H-9
GENÈ GIUSEPPE (via) C-8
GENOLA (via) G-5
GENOVA (via) H-9
GENOVESI ANTONIO (via) G-8
GERDIL SIGISMONDO (via) C-7
GERMANASCA (via) F-6
GERMONIO ANASTASIO (via) H-2
GESSI ROMOLO (via) H-7
GHEMME (via) E-3
GHIACCIAIE (strada delle) C-4
GHIBERTI LORENZO (via) A-4
GHIRLANDAIO (piazza) A-7
GIACHINO ERRICO (largo) A-5
GIACHINO ERRICO (via) B-6
GIACOMINI CARLO (piazza) I-10
GIACOSA GIUSEPPE (via) F-9
GIANNONE PIETRO (via) D-7
GIARDINO Maresciallo GAETANO ETTORE (via) E-10
GIAVENO (via) B-6
GINZBURG LEONE (giardino) D-10
GIOANETTI VITTORIO AMEDEO (via) D-10
GIOBERTI VINCENZO (via) F-8
GIOIA MELCHIORRE (via) E-8
GIOLITTI GIOVANNI (via) D-9
GIORDANA Generale CARLO (via) G-8
GIOTTO (via) H-9
GIOVANNI DA VERRAZZANO (via) G-7
GIULIA DI BAROLO (via) C-9
GIULIETTI GIUSEPPE (via) F-2
GIULIO CARLO IGNAZIO (via) C-7
GIULIO CESARE (corso-largo) A-7
GIURIA PIETRO (via) G-9
GIUSTI GIUSEPPE (via) E-7
GIUSTINO FORTUNATO (via) E-6
GIVOLETTO (via) C-4
GLADIOLI (via dei) C-1
GLICINI (via dei) C-1
GNOCCHI Don CARLO (giardino) A-5
GOBETTI PIERO (via) E-8
GOFFI (strada consortile dei) t.p. B-13 (c.Chieri)
GOITO (via) E-9
GOLDONI CARLO (via) C-8
GOLETTA (via) A-7
GORIZIA (via) I-6
GORRESIO GASPARE (via) B-3
GOTTI ENRICO (via) B-3
GOVERNOLO (via) F-8
GOVONE Generale GIUSEPPE (corso) F-7
GOYTRE LUIGI (via) B-4
GOZZANO GIUDO (piazza) C-11
GOZZI GASPARE (via) E-7
GRADISCA (via) I-6
GRADO (via) H-10
GRAF ARTURO (piazza) H-9
GRAGLIA (via) H-6
GRAMEGNA LUIGI (via) B-5
GRAMSCI ANTONIO (via) E-8
GRANDE TORINO (corso) B-1
GRANDIS SEBASTIANO (via) E-7
GRAN MADRE DI DIO (piazza) D-10
GRASSI GIUSEPPE (via) E-6
GRATTONI SEVERINO (via) E-7
GRAVERE (via) E-3
GRESSONEY (via) A-6
GRIVOLA (via) A-7
GROPELLO GIAN BATTISTA (via) E-6
GROSCAVALLO (via) E-5
GROSSI TOMMASO (via) H-9
GROSSO (vicolo) C-6
GROSSO GIUSEPPE (via) H-4
GRUGLIASCO (strada antica di) I-4
GUARINI GUARNINO (via) E-8
GUASTALLA (via) C-9
GUBBIO (via) A-4
GUGLIELMINETTI AMALIA (via) I-5
GUICCIARDINI FRANCESCO GIUSEPPE (via) E-7
GUINICELLI GUIDO (via) B-12
GULLI TOMMASO (via) A-6

H

HERMADA (piazza) C-11
HUGUES LUIGI (viale) H-4

I

INDUSTRIA (via) D-6
INGHILTERRA (corso) D-6
INVORIO (via) F-2
ISERNIA (via) A-3
ISONZO (via) G-5
ISSIGLIO (via) H-5

J

JONIO (via) G-8
JUVARA FILIPPO (via) D-7

K

KOSSUTH LUIGI (corso) B-12

L

LABRIOLA ANTONIO (via) H-8
LADETTO FRANCESCO (via) B-12
LAGRANGE GIUSEPPE LUIGI (piazza - via) E-8
LAJOLO Fratelli (via) A-5
LAMARMORA ALFONSO (via) F-8
LAMBRUSCHINI RAFFAELLO (via) D-5
LAMPORO (via) A-5
LANCIA VINCENZO (largo) H-5
LANCIA VINCENZO (via) G-5
LANFRANCHI FRANCESCO (via) D-10
LANINO BERNARDINO (via) C-7
LANZA GIOVANNI (corso e piazzale) D-10
LA SALLE S. GIOVANNI BATTISTA (via) C-8
LASCARIS (via) E-8
LA THUILE (via) H-3
LATINA (via) A-4
LAURETTA (strada vicinale della) C-12
LAURIANO (via) C-11
LAURO (strada consortile del) C-12
LAVAGNA (via) I-10
LAVAZZA LUIGI (via) D-13
LECCE (corso) D-4
LE CHIUSE (via) D-6
LEGNANO (via) F-8
LEINI (via) A-7
LEMIE (via) A-4
LEONARDO DA VINCI (via) H-9
LEONCAVALLO RUGGERO (via) A-8
LEONI MARIO (via) I-8
LEOPARDI GIACOMO (parco) G-10
LEPANTO (corso) H-8
LERA (via) F-4
LESEGNO (via) I-6
LESNA (via) I-4
LESSOLO (via) B-10
LESSONA MICHELE (via) D-4
LEVANNA (via) D-4
LEVI PRIMO (piazzetta) E-9 (v. S. Anselmo)
LIGURIA (lungo Dora) D-3
LIMA (via) I-6
LIMONE (via) G-5
LIONE (corso) G-6
LIONETTO (strada consortile del) F-3
LISA GINO (via) A-6
LIVORNO (via) C-6
LOCANA (via) D-4
LODI (via) B-8
LODOVICA (via) D-10
LOMBARDIA (corso) B-3
LOMARDORE (via) A-7
LOMBRIASCO (via) F-5
LOMBROSO CESARE (via) F-9
LOMELLINA (via) B-12
LORENZINI CARLO (via) A-5
LORIA ACHILLE (via) G-8
LOVERA DI MARIA ANNIBALE (via) E-8 (v.Lagrange)
LUCCA (via) A-3
LUCENTO (strada di) A-3
LUGARO ERNESTO (via) G-9
LUINI BERNARDINO (via) A-5
LURISIA (via) G-6
LUSERNA DI RORA' (via) F-5
LUSSIMPICCOLO (via) H-6
LUZIO ALESSANDRO (viale) C-8 (vl. Partigiani)
LUZZATTI LUIGI (via) B-3

M

MACALLÈ (strada consortile del) F-13
MACALLÈ (viale) H-10
MACERATA (via) C-6
MACHIAVELLI NICOLO' (lungo Po) C-10
MACRINO D'ALBA (via) I-11
MADAMA CRISTINA (piazza) E-9
MADAMA CRISTINA (via) F-9
MADONNA DEGLI ANGELI (piazzetta) E-8
MADONNA DELLE SALETTE (via) G-2
MADONNA DI CAMPAGNA (viale) A-4
MAGELLANO FERDINANDO (via) G-8
MAGENTA (via) E-8
MAGNANO (via) C-3
MAGNOLIE (via delle) C-1
MAINERO (strada del) E-13
MALONE (via) A-8
MALTA (via) G-6
MAMELI GOFFREDO (via) C-7
MANARA LUCIANO (via) E-10
MANCINI PASQUALE STANISLAO (via) D-10
MANIN DANIELE (via) C-10
MANNO GIUSEPPE (piazza) A-3
MANTOVA (via) C-9
MANZONI ALESSANDRO (via) D-7
MARCHE (corso) G-1
MARCO AURELIO (piazzale) B-12
MARCONI GUGLIELMO (corso) F-9
MARENCO CARLO (via) G-10
MARIA ADELAIDE (via) C-7
MARIA AUSILIATRICE (piazza) C-7
MARIA AUSILIATRICE (via) C-6
MARIA TERESA (piazza) D-9
MARIA VITTORIA (via) D-9
MARINAI D'ITALIA (viale) G-10 (c. Galilei)
MARMOLADA (piazza) H-6
MAROCHETTI CARLO (via) H-10
MARSALA (via) F-10
MARSIGLI LUIGI FERDINANDO (via) H-3
MARTINETTO (via del) D-5
MARTINI LORENZO (via) C-9
MARTINI LUIGI (giardino) E-6
MARTINIANA (via) G-5
MARTIRI DELLA LIBERTA' (via) D-10
MASACCIO TOMMASO (via) A-3
MASERA (via) F-2
MASSAIA Cardinal GUGLIELMO (largo-via) A-5
MASSAUA (piazza) G-2
MASSENA ANDREA (via) F-8
MASSERANO (via) C-6
MATERA (via) I-5
MATTEOTTI GIACOMO (corso) E-8
MATTEUCCI CARLO (via) D-6
MATTIE (via) F-4
MATTIOLI PIER ANDREA (viale) F-9
MATTIROLO LUIGI (piazza) A-5
MAZZÈ (via) B-3
MAZZINI GIUSEPPE (via) E-9
MEANO CESARE (strada) I-12
MEDAGLIE D'ORO (viale) F-9
MEDAIL (via) D-5
MEDICI GIACOMO (via) E-5
MEDITERRANEO (corso) G-7
MEINA (via) F-3
MELEZET (via) F-3
MENABREA FEDERICO (via) H-9
MENOTTI CIRO (corso) F-6 (c.Ferrucci)
MENTANA (largo - via) E-10
MERANO (piazza) I-11
MERCANTI (via dei) D-8
MERCANTINI LUIGI (via) E-7
MESSEDAGLIA ANGELO (via) B-4
MESSINA (via) B-9
MEUCCI ANTONIO (via) E-7
MEZZENILE (via) E-5
MICCA PIETRO (via) D-8
MICHELI FERDINANDO (via) I-8
MICHELOTTIIGNAZIO (parco) C-10
MICHELOTTI Suor GIOVANNA FRANCESCA (viale) A-12
MIGLIARA GIOVANNI (via e largo) D-5
MIGLIETTI VINCENZO MARIA (via e largo) D-6
MILA MASSIMO (via) H-2
MILANO (via) D-8
MILAZZO (via) F-10
MILLAURES (via) F-3
MILLE (via dei) E-9
MILLIO FRANCESCO (via) G-6
MILLO ENRICO (viale) G-10
MINZONI Don CARLO (via) E-8
MISERICORDIA (via della) D-7
MITTONE FRANCESCO (via) F-1
MOCCHIE (via) E-5
MODANE (via) G-6
MODENA (via) C-9
MOGADISCIO (via) F-3
MOLINO COLOMBINI GIULIA (via) D-11
MOLISE (corso) B-1
MOLLIERÈS (via) G-2
MOLLINO CARLO (via e piazzetta) D-9 (v. Rossini)
MOMBARCARO (via) I-6
MOMBASIGLIO (via) I-6
MOMPELLATO (via) F-5
MONASTERO (piazza del) F-3
MONCALIERI (corso) F-10
MONCALVO (largo) D-10
MONCALVO (via) D-11
MONCENISIO (piazza) D-4
MONDOVì (via) B-7
MONDRONE (via) B-5
MONESIGLIO (via) I-6
MONFALCONE (via) I-6
MONFERRATO (via) D-10
MONFORTE (via) F-5
MONGINEVRO (via) G-5
MONGRANDO (via) B-10
MONGRENO (strada comunale alta di) t.p. A-13 (strada di Mongreno)
MONTALE EUGENIO (piazza) C-1
MONTALENGHE (via) A-5
MOLTALTO (via) B-10
MONTANARO (via) A-7
MONTANO MASSIMO (via) E-5

MONTE ALBERGIAN (via) F-4
MONTE ASOLONE (via) G-4
MONTEBELLO (largo) C-9
MONTEBELLO (via) D-9
MONTE CIMONE (via) H-3
MONTE CRISTALLO (via) H-4
MONTE CUCCO (corso) F-4
MONTECUCCOLI RAIMONDO (via) E-7
MONTE DI PIETA' (via) D-8
MONTE GRAPPA (corso) E-3
MONTELLO (via) A-3
MONTE LUNGO (corso) H-7
MONTEMAGNO (via) C-11
MONTE ORTIGARA (via) G-4
MONTE PERTICA (via) F-2
MONTE ROSA (via) A-8
MONTEROTONDO (corso) H-10
MONTE SANTO (via) B-11
MONTESOGLIO (via) B-6
MONTEU DA PO (via) B-12
MONTEVECCHIO (corso) F-7
MONTEVECCHIO (via) F-8
MONTEVERDI CLAUDIO (via) A-9
MONTE VODICE (via) H-4
MONTEZEMOLO (via) I-6
MONTIGLIO (via) C-11
MONTI VINCENZO (via) G-10
MONZA (via) B-8
MORAZZONE (via) C-11
MORELLI DOMENICO (via) B-4
MORETTA (via) F-5
MORGARI ODDINO (via) F-9
MORGHEN (via) D-5
MORIS GIUSEPPE (via) C-6
MOROSINI FRANCESCO (via) F-7
MOROZZO (strada consortile del) E-11
MOROZZO (via) H-5
MORTARA (corso) B-6
MOSCA PIETRO (ponte) B-7
MOSSO ANGELO (via) G-2
MOTTALCIATA (via) B-9
MOTTARONE (via) A-7
MUGHETTI (viale dei) C-1
MURATORI LODOVICO (via) H-9
MURAZZANO (via) H-6
MURAZZI del PO E-10
MURIAGLIO (via) G-6
MURIALDO Don LEONARDO (via) H-1
MURRONI (via) E-4
MUSINÈ (via) D-4
MUSSO-FERRARIS MARIA (via) F-2
MUZZANO (via) C-3

N

NAPIONE GIOVANNI FRNCESCO (via) C-10
NAPOLI (lungo Dora) B-7
NARZOLE (via) I-9
NAZIONALE (galleria) E-9
NAZZARO VINCENZO (via) E-5
NEGRI ADA (via) I-6
NERVI PIERLUIGI (via) C-3
NETRO (via) D-5
NICCOLINI GIOVANNI BATTISTA (via) F-1
NIEVO IPPOLITO (via) B-10
NIZZA (piazza-via) G-9
NOBILE (strada comunale del) E-12
NOÈ CARLO (via) C-8
NOLE (via) C-4
NOTA ALBERTO (via) D-7
NOTTA GIOVANNI (giardino) I-8 (v.Tunisi)
NOVALESA (via) F-5
NOVARA (corso) B-9
NOVI (via) B-8
NUOVA (via) I-11

O

OGLIANICO (via) C-3
OLEGGIO (via) E-3
OMEGNA (via) D-4
ORBASSANO (corso) I-7
ORBASSANO (largo) H-7
ORFANE (via delle) C-7
ORIANI ALFREDO (via) B-3
ORIONE Don LUIGI (via) G-6
ORMEA Marchese CARLO FRANCESCO (via) G-9
ORNATO LUIGI (via) D-10
ORNAVASSO (via) D-4
OROPA (via) B-11
ORSIERA (via) G-4
ORTA (via) E-4
ORVIETO (via) B-5
OSASCO (via) G-6
OSLAVIA (via) A-11
OSOPPO (via) I-5
OSPEDALE DI SAN VITO (strada consortile dell') F-10
OULX (via) F-4
OXILIA NINO (via) H-7
OZANAM FEDERICO (via) D-9
OZIERI (via) H-3

P

PACCHIOTTI GIACINTO (via) F-3
PACINI GIOVANNI (via) A-8
PACINOTTI ANTONIO (via) D-5
PACIOTTO FRANCESCO (via) E-7 (co Vinzaglio)
PACOT PININ (via) D-13
PADOVA (via) B-8
PAESANA (via) G-6
PAGANINI NICOLO (via) A-9
PAGANO MARIO (via) H-8
PAGLIANI LUIGI (via) H-9
PAGNO (via) G-5
PALAZZO DI CITTA' (piazza-via) D-8
PALEOCAPA PIETRO (piazza) E-8
PALERMO (corso) A-7
PALERMO (largo) B-8
PALESTRINA PIER LUIGI da (via) A-7
PALESTRO (corso) D-7
PALLADIO ANDREA (via) D-11
PALLANZA (via) B-11
PALLAVICINO GIORGIO (via) C-10
PALMANOVA (via) C-6
PALMIERI PIETRO (via) E-6
PANSA (strada del) t.p. D-1 (strada di Pianezza)
PAOLINI FEDERICO (via) E-5
PAPACINO ALESSANDRO VITTORIO (via) E-7
PARAVIA ALESSANDRO (via) D-5
PARELLA (via) B-6
PARENZO (via) B-2
PARINI GIUSEPPE (via) E-8
PARIS ANDREA (via) H-2
PARMA (via) C-9
PARMENTOLA VITTORIO (via) H-2
PARRI FERRUCCIO (piazzale) H-9
PARROCCHIA (via alla) I-11
PARTIGIANI (viale dei) D-8
PARUZZARO (via) A-8
PASCOLI GIOVANNI (corso) H-7
PASINI ALBERTO (piazza) A-12
PASSALACQUA GIUSEPPE LUIGI (via) D-7
PASSO DEL BRENNERO (via) E-3
PASSONI Fratelli MARIO e PIERLUIGI (via) F-2
PASTEUR LUIGI (via) H-1
PASTRENGO (via) F-8
PATETTA FEDERICO (via) H-7
PAVARINO (strada consortile del) B-13
PAVIA (via) B-8
PAVONE (via) A-6
PEANO GIUSEPPE (via) F-7
PECETTO (strada comunale di) D-13
PEDROTTI CARLO (via) B-8
PELIZZA DA VOLPEDO GIUSEPPE (via) H-9
PELLERINA (strada comunale della) E-1
PELLICE (via) F-5
PELLICO SILVIO (via) F-9
PEONIE (via delle) B-1
PEPE GUGLIELMO (via) H-2
PERAZZO PAOLO PIO (via) F-2
PEROSA (via) F-5
PEROTTI GIUSEPPE (piazza) D-4
PERRERO (via) F-5
PERRONCITO EDOARDO (via) H-1
PERRONE ETTORE (via) D-7
PERUGIA (via) B-8
PERUSSIA (strada della) A-3
PERVINCHE (via delle) B-1
PESARO (via) C-7
PESCARA (via) H-9
PESCAROLO BELLOM (via) I-8
PESCATORE MATTEO (via) D-10
PESCHIERA (corso) G-6
PESSINETTO (via) C-4
PETITTI ILARIONE (via) G-9
PETRARCA FRANCESCO (via) G-9
PETROCCHI POLICARPO (via) E-7
PETTINATI LUIGI (via) I-10
PETTINENGO (via) B-4
PEVERAGNO (via) I-9
PEYRON AMEDEO (piazza) D-5
PEYRON AMEDEO (via) D-6
PEZZANA GIACINTA (via) A-9
PIAGGIA CARLO (corso) H-4
PIANCERI (via) E-3
PIANEZZA (strada di) C-2
PIANEZZA (via) C-4
PIANFEI (via) C-5
PIAVE (via) D-7
PIAZZI GIUSEPPE (via) G-7
PICCO ALBERTO (corso) C-11
PIEDICAVALLO (via) E-4
PIEMONTE (lungo Po) E-10
PIERO DELLA FRANCESCA (piazza) B-5
PIETRO II (ponte) E-2
PIFFETTI PIETRO (via) D-6

PIGAFETTA FRANCESCO (via) G-7
PILO ROSOLINO (via) E-5
PINASCA (via) E-5
PINELLI PIER DIONIGI (via) D-6
PINEROLO (via) B-7
PINGONE FILIBERTO (via) D-7
PININ FARINA (via) I-4
PIOSSASCO (via) B-6
PIOVA' (via) H-11
PIRANDELLO LUIGI (via) H-2
PIRANO (via) B-2
PIRIA RAFFAELE (via) D-5
PISA (via) C-9
PISANO ANDREA (via) C-8
PISTOIA (via) C-5
PITTARA CARLO (via) C-3
PLANA GIOVANNI (via) D-9
PO (via) D-9
POLIZIANO (via) A-10
POLLAROLO DON GIUSEPPE (piazzale) C-1
POLLENZO (via) G-5
POLLONE (via) A-9
POLO MARCO (via) G-7
POLONGHERA (via) F-6
POLONIA (piazza) I-10
POMARO (via) H-7
POMBA GIUSEPPE (via) E-9
POMPONAZZI PIETRO (via) H-8
PONCHIELLI AMILCARE (via) A-8
PONDERANO (via) B-4
PONT (via) B-6
PONTE ISABELLA - SAN VITO (strada consortile) G-11
PONTE VERDE (strada consortile del) E-12
PONZA MICHELE (via) E-8
PONZIO MARIO (via) H-3
PORPORATI CARLO ANTONIO (via) C-8
PORRI VINCENZO (via) B-11
PORRO IGNAZIO (via) C-10
PORTA CARLO (via) H-7
PORTA PALATINA (via) D-8
PORTULA (via) B-4
POSTUMIA (via) H-3
POTENZA (corso) B-4
POZZI TANCREDI (via) I-5
POZZO ANDREA (via) C-3
POZZO STRADA (via) G-3
PRAGELATO (via) F-5
PRALI (via) F-5
PRALUNGO (via) B-10
PRAROSTINO (via) E-5
PRATI GIOVANNI (via) D-8
PREMUDA (via) H-1
PRESTINARI MARCELLO (via) E-7
PREVIATI GAETANO (via) H-5
PRIMO MAGGIO (viale) C-8
PRIMULE (via delle) C-1
PRINCIPE AMEDEO (via) D-9
PRINCIPE D'ACAJA (via) E-6
PRINCIPE D'ANHALT (via) A-5
PRINCIPE EUGENIO (corso) D-6
PRINCIPE ODDONE (corso) C-6
PRINCIPE TOMMASO (via) E-9
PRINCIPESSA CLOTILDE di SAVOIA (ponte) B-7
PRINCIPESSA CLOTILDE (via) C-6
PRINCIPESSA FELICITA DI SAVOIA (via) E-10
PRINCIPESSA ISABELLA (ponte) G-10
PRINOTTI Don LORENZO (via) G-6
PRIOCCA CLEMENTE DAMIANO (via) C-8
PROMIS CARLO (via) E-7
PRONDA (strada comunale della) H-3
PROVANA ANDREA (via) E-9
PUGNANI GAETANO (via) A-8

Q

QUADRONE GIOVAN BATTISTA (via) B-4
QUART (via) F-3
QUARTIERI (via dei) D-7
QUARTO DEI MILLE (via) H-1
QUATTRO MARZO (largo-via) E-8
QUATTRO NOVEMBRE (corso) H-7
QUITTENGO (via) A-9

R

RACAGNI PAOLO (via) B-10
RACCONIGI (corso) F-5
RACCONIGI (largo) H-6
RAFFAELLO (corso) G-9
RAGAZZONI ERNESTO (via) A-10
RAGUSA (via) H-5
RAMELLO CANDIDO (ponte) C-4
RANDACCIO GIOVANNI (via) A-6
RAPALLO (via) H-8
RAPISARDA MARIO (giardino) F-2 (v. Bellardi)
RATTAZZI URBANO (via) E-8
RAVENNA (via) C-6
RAVINA AMEDEO (via) A-10
REAGLIE (strada di) t.p. B-13 (c.Chieri)
RE ALBERTO del BELGIO (ponte) B-6 (c.Princ.Oddone)
REALE (piazza) D-8
REANO (via) G-5
REBAUDENGO Conti di (piazza) H-7
REFRANCORE (via) A-3
REGALDI GIUSEPPE (via) A-9
REGGIO (via) C-9
RE GIAN FRANCESCO (via) F-3
REGINA MARGHERITA (corso) C-8
REGINA MARGHERITA (piazzale) C-10
REGINA MARGHERITA (ponte) C-10
REGIO PARCO (corso) B-9
REGIO PARCO (largo e ponte) C-8
RENIER RODOLFO (via) H-6
REPUBBLICA (piazza della) C-8
REPUBBLICHE PARTIGIANE (parco) F-13
RE UMBERTO (corso) F-8
RE UMBERTO (largo) G-8
REVEL OTTAVIO ConteTHAON DI (via) E-7
REVELLO (via) F-5
REVIGLIASCO (strada com.antica di) F-12
REVIGLIASCO (strada vicinale antica di) F-11 (vl.Seneca)
REY GUIDO (via) F-3
REYMOND CARLO (via) I-10
RIBERI ALESSANDRO (via) D-9
RIBET GIOVANNI (via) F-8
RICALDONE (via) I-6
RICASOLI BETTINO (via) C-10
RICCI GIUSEPPE (via) B-11
RICHELMY PROSPERO (via) I-10
RICOTTI ERCOLE (via) C-9
RIDOTTO (via del) A-6
RIETI (via) H-1
RIGHINO (strada consortile del) E-11
RIMEMBRANZA (parco della) F-13
RIMINI (via) B-11
RIO DE JANEIRO (via) G-6
RISORGIMENTO (piazza del) E-5
RISTORI ADELAIDE (via) A-9
RIVALTA (via) H-6
RIVARA (via) D-4
RIVAROLO (via) C-8
RIVOLI (piazza) F-4
ROASIO (via) E-4
ROBASSOMERO (via) C-7
ROCCA (via della) D-9
ROCCABRUNA (via) H-8
ROCCAFORTE (via) F-4
ROCCATI ALESSANDRO (via) A-3
ROCCAVIONE conte di (via) A-5
ROCCIAMELONE (via) D-5
ROCHEMOLLES (via) G-2
RODI (via) D-7
ROERO DI CORTANZE ERCOLE TOMMASO (via) D-9
ROLANDO LUIGI (via) E-9
ROMA (via) D-8
ROMAGNANO (via) E-3
ROMAGNOSI GIAN DOMENICO (via) G-8
ROMANI FELICE (via) D-11
RONCHI (strada comunale ai) I-12
RONCHI AI CUNIOLI ALTI (strada com.) I-13
ROSAZZA (via) B-11
ROSINE (via delle) D-9
ROSMINI ANTONIO (via) G-9
ROSSANA (via) G-5
ROSSARO CARLO E SIGISMONDO (piazza) D-9
ROSSELLI CARLO e NELLO (corso) H-7
ROSSI TEOFILO Conte di MONTELERA (via) E-8
ROSSINI GIOACCHINO (via) D-9
ROSSINI GIOACCHINO (ponte) C-9 (c. Regina Margherita)
ROSSO MEDARDO (via) G-3
ROSTA (via) E-5
ROVERETO (via) I-6
ROVIGO (via) C-7
RUA Don MICHELE (via) H-2
RUBIANA (via) F-4
RUFFINI FRANCESCO (parco) H-4
RUFFINI FRATELLI (via) E-7
RULFI MICHELANGELO (via) A-5

S

SABAUDIA (via) H-11
SABOTINO (piazza) G-5
SACCARELLI GASPARE (via) D-6
SACCHI PAOLO (via) F-8
SACCO E VANZETTI (corso) F-1
SAFFI AURELIO (via) E-5
SAGLIANO MICCA (via) E-7
SAGRA DI S.MICHELE (via) G-3
SAINT-BON (via) B-7
SALBERTRAND (via) E-3
SALERNO (via) C-6

SALINO (strada consortile del) G-11
SALUGGIA (via) D-4
SALUZZO (largo) F-9
SALUZZO (via) E-8
SALVANESCHI NINO (via) H-5
SALVINI TOMMASO (via) B-5
SANT'AGOSTINO (via) D-7
SANT'AMBROGIO (via) F-3
SANT'ANNA (strada comunale di) D-13
SANT'ANSELMO (via) E-9
SANT'ANTONINO (via) F-3
SANT'ANTONIO DA PADOVA (via) E-7
SAN BENEDETTO (piazzale) G-4
SAN BERNARDINO (via) G-5
SAN CARLO (piazza) D-8
SAN LEONE (vicolo) C-7 (vl. Reg. Margherita 142)
SANTA CHIARA (via) D-7
SANTA CROCE (via) D-9
SAN DALMAZZO (via) D-7
SAN DOMENICO (via) D-7
SAN DONATO (via) D-6
SAN FEDERICO (galleria) D-8 (v.Bertola)
SAN FERMO (via) E-10
SAN FRANCESCO DA PAOLA (via) D-9
SAN FRANCESCO D'ASSISI (via) D-8
SANFRONT (via) F-6
SANGANO (via) E-5
SAN GILLIO (via) C-4
SAN GIORGIO CANAVESE (via) H-1
SAN GIOVANNI (piazza) C-8
SAN GIOVANNI BOSCO (via) C-6
SANTA GIULIA (piazza) C-10
SANTA GIULIA (via) C-9
SAN LORENZO (vicolo) D-8 (v.XX Settembre)
SANTA LUCIA (strada consortile e via) I-11
SANTA MARGHERITA (strada com. di) D-12
SANTA MARIA (via -vicolo) D-7
SANTA MARIA MAZZARELLO (via) H-4
SAN MARTINO (corso) D-6
SAN MASSIMO (via) E-9
SAN MAURIZIO (corso) C-9
SANT'OTTAVIO (via) C-9
SAN PANCRAZIO (via) A-4
SAN PAOLO (largo) H-5
SAN PAOLO (via) G-6
SAN PIETRO IN VINCOLI (via) C-7
SAN PIO V (via) E-9
SAN QUINTINO (via) E-8
SANTA RITA DA CASCIA (piazza) I-7
SAN ROCCHETTO (via) D-5
SAN ROCCO (via) I-11
SAN SEBASTIANO PO (via) B-12
SAN SECONDO (piazza-via) F-8
SAN SIMONE (via) C-7
SANSOVINO ANDREA (via) B-2
SANTAROSA PIETRO (via) D-6
SANTAROSA SANTORRE (via) D-10
SANTA TERESA (via e piazzetta) D-8
SANTENA (via) I-10
SAN TOMMASO (via) D-8
SAN VINCENZO (strada) D-13
SAN VITO (strada consortile antica di) G-11
SAN VITO REVIGLIASCO (strada comunale di) G-11
SAORGIO (via) A-6
SAPETO GIUSEPPE (via) H-4
SAPPONE (via) I-12
SARACCO (corso) A-12
SARDEGNA (lungo Po) E-10
SARRE (via) F-3
SASSARI (giardino) C-7 (v.Sassari)
SASSARI (via) C-6
SASSI (ponte) A-12
SAURO NAZARIO (piazza) B-3
SAVIGLIANO (via) C-6
SAVIO FRATELLI (via) E-7
SAVOIA (piazza) D-7
SAVONA (lungo Dora) C-8
SAVONAROLA GEROLAMO (via) G-8
SCALENGHE (via) F-6
SCAPACINO GIOVANNI BATTISTA (via) F-2
SCARLATTI ALESSANDRO (via) A-8
SCEVOLA MUZIO (piazza) H-10
SCHIAPARELLI GIOVANNI (giardino) C-8 (c.XI Febbraio)
SCHINA MICHELE (via) D-6
SCHIO (via) B-7
SCIOLZE (via) C-11
SCIPIONE L'AFRICANO (piazza) B-12
SCLOPIS FEDERICO (corso) G-10
SEBASTOPOLI (corso) I-6
SEGANTINI GIOVANNI (via) B-3
SEGRE CORRADO (via) F-7
SEGURANA CATERINA (via) D-10
SEI VILLE (strada vicinale alle) D-11
SELLA QUINTINO (corso) C-11
SENECA (viale) F-11
SERAO MATILDE (via) H-4
SERRANO (via) G-4
SERVAIS GIOVANNI (via) E-3
SESIA (via) A-7
SESTRIERE (via) G-4
SEVERO SETTIMO (viale) F-11
SFORZESCA (via) E-10
SICCARDI GIUSEPPE (corso) D-7
SICILIA (corso) G-10
SIENA (lungo Dora) B-9
SIGNORELLI LUCA (via) A-12
SINEO RICCARDO (via) C-10
SISMONDA ANGELO (via) D-4
SLATAPER SCIPIO (via) B-3
SOANA (via) A-7
SOBRERO ASCANIO (via) D-6
SOLARI GIOELE (via) B-4
SOLDATI MARIO (via) G-2
SOLERI MARCELLO (via) E-8 (v.Gobetti)
SOLERO (via) H-8
SOLFERINO (piazza) E-8
SOMIS GIOVANNI BATTISTA (via) D-6
SOMMACAMPAGNA (via) E-10
SOMMEILLER GERMANO (corso) G-8
SONDRIO (via) C-5
SORDEVOLO (via) B-8
SOSTEGNO (via) G-2
SPALATO (via) G-6
SPALLANZANI LAZZARO (via) H-8
SPANO GIOVANNI (via) I-8
SPANZOTTI MARTINO (via) F-4
SPAVENTA BERTRANDO (via) I-8
SPERINO CASIMIRO (via) I-10
SPEZIA (corso) I-10
SPOLETO (via) C-4
STAFFARDA (via) G-5
STAMPATORI (via degli) D-7
STATI UNITI (corso) F-7
STATUTO (piazza) D-7
STEFFENONE VINCENZO (via) I-8
STELLONE (via) I-9
STELVIO (via) H-3
STOPPANI ANTONIO (via) A-5
STRADELLA (largo) B-6
STRADELLA (via) B-6
STRESA (via) A-5
SUBALPINA (galleria) D-8 (p.Castello)
SUSA (via) E-6
SVIZZERA (corso) C-4

T

TABACCHI ODOARDO (via e largo) B-12
TADINI (strada consortile del) E-12
TAGLIAMENTO (via) B-1
TALLONE CESARE (via) A-6
TALUCCHI GIUSEPPE (via) D-5
TAMAGNO FRANCESCO (via) A-8 (v. Leoncavallo 64)
TARINO LUIGI (via) C-9
TARVISIO (via) H-2
TASSO TORQUATO (via) D-8
TASSONI ALESSANDRO (corso) D-5
TELESIO BERNARDINO (corso) E-2
TENDA (via) I-9
TENIVELLI CARLO (via) D-5
TEPICE (via) I-9
TERAMO (via) B-8
TERNENGO (via) A-8
TERNI (via) A-4
TERRANEO GIOVANNI TOMMASO (via) C-2
TERRAZZE (strada delle) I-11
TESSO (via) B-6
TETTI GARIGLIO (strada ai) H-13
TETTI GRAMAGLIA (strada dei) I-13
TETTI RUBINO (strada dei) H-13
THAON DI REVEL PAOLO (viale) I-10
THERMIGNON PIETRO (via) G-2
THESAURO Conte EMANUELE (via) F-9
THONON (via) I-9
THOUAR PIETRO (via) D-4
THOVEZ ENRICO (viale) E-11
THURES (via) H-1
TIBALDI PELLEGRINO (via) C-3
TICINETO(via) I-7
TICINO (via) A-6
TIEPOLO GIOVAN BATTISTA (via) G-10
TIMAVO (via) G-6
TIMERMANS GIUSEPPE (via) F-1
TINTORETTO (via) I-4
TIRRENO (largo) H-7
TIRRENO (via) H-8
TIZIANO VECELLIO (via) H-9
TOFANE (via) G-4
TOLLEGNO (via) A-9
TOLMINO (via) H-6
TOMMASEO NICOLÒ (via) C-9
TONCO (via) D-11
TONELLO MICHELANGELO (via) B-12
TORRICELLI EVANGELISTA (via) G-7
TORTONA (corso) B-10

TOSCANA (corso) B-3
TOSCANA (largo) B-4
TOSELLI GIOVANNI (piazza) C-11
TOSELLI PIETRO (via) F-7
TOTI ENRICO (piazza) B-11
TRANA (via) E-5
TRAPANI (corso) F-4
TRAVES (via) B-1
TRECATE (via) G-3
TRE GALLINE (via delle) C-7
TRENTO (corso) F-7
TREVISO (via) C-5
TRIESTE (corso) F-7
TRINCEE (via delle) A-6
TRINITA' (via) G-6
TRIPOLI (via) I-7
TRIVERO (via) E-3
TUNISI (via) I-8
TURATI FILIPPO (corso) G-8
TURATI FILIPPO (largo) H-8
TURR STEFANO (viale) G-10

U

UDINE (via) B-6/C-6
UFFREDUZZI OTTORINO (via) I-8
UMBERTO I (galleria) C-8 (p.Repubblica)
UMBERTO I (ponte) E-10
UMBRIA (corso -piazzale) C-6
UNDICI FEBBRAIO 1929 (corso) C-8
UNIVERSITÀ DEI MAESTRI MINUSIERI (piazzetta) D-7 (v. Barbaroux 25)
URBINO (via) C-6
USSEGLIO LEOPOLDO (via) A-5

V

VAGNONE (via) D-6
VAL DELLA TORRE (via) B-4
VALDIERI (via) F-5
VALDOCCO (corso) D-7
VALEGGIO (via) F-8
VALENTINO (parco del) F-10
VALENTINO FRANCESCO (via) I-5
VALERIO LORENZO (via) C-7
VALFENERA (via) A-6
VALFRÈ BeatO SEBASTIANO (via) E-7
VALGIOIE (largo -via) F-3
VAL LAGARINA (via) H-1
VALLE DEI POMI (strada consortile) B-13
VALLERO VALERIO (via) A-8
VALLETTE (strada vicinale delle) B-2
VAL PATTONERA (strada comunale di) G-12
VALPERGA CALUSO TOMMASO (via) F-9
VALPERGA DI MASINO CESARE (giardino) H-8
VALPIANA (strada consortile di) B-12
VALPRATO (via) A-7
VAL SALICE (strada comunale di) E-12
VAL SAN MARTINO (strada com. di) D-13
VAL SAN MARTINO (strada comunale superiore di) C-12
VALSUGANA (via) H-3
VALTORTA (vicolo) G-9
VANCHIGLIA (via) C-10
VANDALINO (via) H-2
VANVITELLI LUIGI (via) D-11
VARAITA (via) I-9
VARALLO (via) B-10
VARANO ALFONSO (via) A-10
VARAZZE (via) I-9
VARESE (via) B-7
VASCO FRATELLI (via) D-9
VASILE ALECSANDRI (via) G-3
VASSALLI EANDI Abate ANTONIO (via) E-6
VEGLIA (via) I-4
VELA VINCENZO (via) F-7
VENALZIO (via) F-3
VENARIA (strada antica della) A-2
VENASCA (via) F-6
VENEZIA (corso) A-6
VENTICINQUE APRILE (viale) H-11
VENTIMIGLIA (via) I-10
VENTI SETTEMBRE (via) D-8
VERBANO (via) A-11
VERBENE (via delle) C-1
VERCELLI (corso) A-7
VERDI GIUSEPPE (via) D-9
VERNAZZA GIUSEPPE (via) I-7
VEROLENGO (via) B-8
VERONA (corso) B-9
VERRÈS (via) A-7
VERROCCHIO ANDREA (via) C-8
VERRUA (via) D-10
VERZUOLO (via) F-8
VESPUCCI AMERIGO (via) G-8
VESTIGNÈ (via) A-7
VETTA DELLA MADDALENA (strada esterna alla) H-13 (strada S.Vito)
VETTA D'ITALIA (piazza) A-4
VEZZOLANO (via) B-11
VIARIGI (via) C-2
VIASSA (strada comunale della) H-11
VIBERTI CANDIDO (via) G-4
VIBO' (via) A-6
VICENZA (via) C-8
VICO GIAN BATTISTA (via) G-8
VICOFORTE (via) F-4
VIDUA CARLO (via) D-8
VIGEVANO (corso) B-7
VIGLIANO (via) C-4
VIGLIARDI PARAVIA INNOCENZO (piazza) D-6
VIGLONGO ANDREA (piazzetta) D-7 (v. Stampatori)
VIGNALE (via) C-11
VIGNE DI SAN VITO (strada vicinale) F-11
VIGONE (via) F-8
VILLA D'AGLIE (strada alla) A-12
VILLA DELLA REGINA (piazzale) D-11
VILLA DELLA REGINA (via) D-10
VILLA D'ORMEA (strada alla) H-11
VILLAFRANCA PIEMONTE (via) H-2
VILLA GENERO (parco di) D-12
VILLA GIUSTI (via) H-3
VILLA GLORI (via) H-10
VILLA QUIETE (strada consortile alla) E-11
VILLAR (via) A-6
VILLARBASSE (via) G-6
VILLAR DORA (strada) B-3
VILLARFOCCHIARDO (via) F-4
VILLARI PASQUALE (piazza) A-4
VILLA ZANETTI (strada consort. alla) I-11
VINADIO (via) F-8
VINZAGLIO (corso) E-7
VIOLA (strada consortile della) H-13
VIOTTI GIAMBATTISTA (via) D-8
VIPACCO (via) H-1
VIRGILIO (viale) E-10
VIRGINIO GIOVANNI (via) D-9 (v.Po)
VIRLE (via) F-6
VISCHE (via) A-4
VISCONTI Marchese (via) A-6
VISITAZIONE (piazzetta della) D-7 (v. S. Domenico)
VITALE MAURIZIO (largo) B-9
VITERBO (via) B-4
VITTONE BERNARDO (via) C-11
VITTORIA (piazza-via della) A-6
VITTORIO AMEDEO II (via) E-7
VITTORIO EMANUELE I (ponte) D-10
VITTORIO EMANUELE II (corso -largo) E-7
VITTORIO VENETO (piazza) D-9
VITTOZZI ASCANIO (via) D-10
VIÙ (via) C-4
VIVERONE (via) E-3
VOCHIERI ANDREA (via) F-6
VOGHERA (lungo Dora) A-11
VOLANTE GUIDO (strada consortile) G-12
VOLPIANO (via) A-7
VOLTA ALESSANDRO (via) E-8
VOLTURNO (via) E-10
VOLVERA (via) G-6

W

WASHINGTON GIORGIO (ponte) A-11

Z

ZAMENHOF LODOVICO LAZZARO (giardino) H-7
ZANELLA GIACOMO (via) A-10
ZARA (piazza) H-10
ZINI ZINO (via) I-9
ZUBIENA (via) A-4
ZUMAGLIA (via) E-4
ZURETTI GIANFRANCO (via) I-10

LOZZI PUBLISHING S.r.l.
Tel. 02.40709395 - 06.5376549
info@lozzipublishing.com
00152 Roma - Via A. Cerasi, 12

PUBLISHING
PUBBLICAZIONE PERIODICA
Iva assolta dall'editore
Supplemento al n. 3/11
Reg. Trib. RM n. 67 del 16.03.11

DIRETTORE RESPONSABILE
Giampiero Marzi

REALIZZAZIONE GRAFICA
Lineartstudio

STAMPA: MB stampa srl